华章经管 | HZBOOKS | Economics Finance Business & Management

January 18, 1999

What do I consider my most important Contributions?

- That I early on—almost sixty years ago—realized that MANAGEMENT has become the constitutive organ and function of the Society of Organizations;

- That MANAGEMENT is not "Business Management- though it first attained attention in business- but the governing organ of ALL institutions of Modern Society;

- That I established the study of MANAGEMENT as a DISCIPLINE in its own right;

and

- That I focused this discipline on People and Power; on Values; Structure and Constitution; AND ABOVE ALL ON RESPONSIBILITIES- that is focused the Discipline of Management on Management as a truly LIBERAL ART.

Peter F. Drucker

我认为我最重要的贡献是什么？

- 早在60年前，我就认识到管理已经成为组织社会的基本器官和功能；

- 管理不仅是"企业管理"，而且是所有现代社会机构的管理器官，尽管管理一开始就将注意力放在企业上；

- 我创建了管理这门学科；

- 我围绕着人与权力、价值观、结构和方式来研究这一学科，尤其是围绕着责任。管理学科是把管理当作一门真正的综合艺术。

彼得·德鲁克
1999年1月18日

注：资料原件打印在德鲁克先生的私人信笺上，并有德鲁克先生亲笔签名，现藏于美国德鲁克档案馆。为纪念德鲁克先生，本书特收录这一珍贵资料。本资料由德鲁克管理学专家那国毅教授提供。

彼得·德鲁克和妻子多丽丝·德鲁克

德鲁克妻子多丽丝寄语中国读者

在此谨向广大的中国读者致以我诚挚的问候。本书深入介绍了德鲁克在管理领域方面的多种理念和见解。我相信他的管理思想得以在中国广泛应用，将有赖出版及持续的教育工作，令更多人受惠于他的馈赠。

盼望本书可以激发各位对构建一个令人憧憬的美好社会的希望，并推动大家在这一过程中积极发挥领导作用，他的在天之灵定会备感欣慰。

Doris Drucker

本页照片和多丽丝寄语原文与亲笔签名由彼得·德鲁克管理学院提供

卓有成效
管理者的实践

（纪念版）

[美] 彼得·德鲁克　著
约瑟夫·A. 马恰列洛

宋强　译

慈玉鹏　康至军　审校

The Effective
Executive in Action
A Journal for Getting
the Right Things Done

彼得·德鲁克全集

机械工业出版社
China Machine Press

图书在版编目（CIP）数据

卓有成效管理者的实践（纪念版）/（美）彼得·德鲁克，（美）约瑟夫·A. 马恰列洛著；
宋强译 . —北京：机械工业出版社，2020.2（2021.10 重印）
（彼得·德鲁克全集）
书名原文：The Effective Executive in Action: A Journal for Getting the Right
　　　　　Things Done

ISBN 978-7-111-64684-6

I. 卓…　II. ① 彼…　② 约…　③ 宋…　III. 企业管理　IV. F272

中国版本图书馆 CIP 数据核字（2020）第 063579 号

本书版权登记号：图字　01-2011-6761

本书两面插页所用资料由彼得·德鲁克管理学院和那国毅教授提供。封面中签名摘自德鲁克先生为
彼得·德鲁克管理学院的题词。

卓有成效管理者的实践（纪念版）

出版发行：机械工业出版社（北京市西城区百万庄大街 22 号　邮政编码：100037）
责任编辑：刘新艳　　　　　　　　　　　　　　责任校对：殷　虹
印　　刷：三河市东方印刷有限公司　　　　　　版　　次：2021 年 10 月第 1 版第 6 次印刷
开　　本：170mm×230mm　1/16　　　　　　　印　　张：16.75
书　　号：ISBN 978-7-111-64684-6　　　　　　定　　价：69.00 元

客服电话：（010）88361066　88379833　68326294　　投稿热线：（010）88379007
华章网站：www.hzbook.com　　　　　　　　　　　读者信箱：hzjg@hzbook.com

卓有成效是可以学会的。

管理者必须学会卓有成效。

——彼得·德鲁克,《卓有成效的管理者》

| 目　录 |

功能正常的社会和博雅管理

为"彼得·德鲁克全集"作序

享誉世界的"现代管理学之父"彼得·德鲁克先生自认为，虽然他因为创建了现代管理学而广为人知，但他其实是一名社会生态学者，他真正关心的是个人在社会环境中的生存状况，管理则是新出现的用来改善社会和人生的工具。他一生写了 39 本书，只有 15 本书是讲管理的，其他都是有关社群（社区）、社会和政体的，而其中写工商企业管理的只有两本书（《为成果而管理》和《创新与企业家精神》）。

德鲁克深知人性是不完美的，因此人所创造的一切事物，包括人设计的社会也不可能完美。他对社会的期待和理想并不高，那只是一个较少痛苦，还可以容忍的社会。不过，它还是要有基本的功能，为生活在其中的人提供可以正常生活和工作的条件。这些功能或条件，就好像一个生命体必须具备正常的生命特征，没有它们社会也就不成其为社会了。值得留意的是，社会并不等同于"国家"，因为"国（政府）"和"家（家庭）"不可能提供一个社会全部必要的职能。在德鲁克眼里，功能正常的社会至少要由三大类机构组成：政府、企业和非营利机构，它们各自发挥不同性质的作用，每一类、每一个机构中都要有能解决问题、令机构创造出独特绩效的权力中心和决策机制，这个权力中心和决策机制同时也要让机构里的每个人各得其所，既有所担当、做出贡献，又得到生计和身份、地位。这些在过去的国家中从来没有过的权力中心和决策机制，或者说新的"政体"，就是"管理"。在这里德鲁克把企业和非营利机构中的管理体制与政府的统治体制统称为"政体"，是因为它们都掌握权力，但是，这是两种性质截然不同的权力。企业和非营利机构掌握的，是为了提供特定的产品和服务，而调配社会资源的权力，政府所拥有的，则是整个社会公平的维护、正义的裁夺和干预的权力。

在美国克莱蒙特大学附近，有一座小小的德鲁克纪念馆，走进这座用他的故居改成的纪念馆，正对客厅入口的显眼处有一段他的名言：

> 在一个由多元的组织所构成的社会中，使我们的各种组织机构负责任地、独立自治地、高绩效地运作，是自由和尊严的唯一保障。有绩效的、负责任的管理是对抗和替代极权专制的唯一选择。

当年纪念馆落成时，德鲁克研究所的同事们问自己，如果要从德鲁克的著作中找出一段精练的话，概括这位大师的毕生工作对我们这个世界的意义，会是什么？他们最终选用了这段话。

如果你了解德鲁克的生平，了解他的基本信念和价值观形成的过程，你一定会同意他们的选择。从他的第一本书《经济人的末日》到他独自完成的最后一本书《功能社会》之间，贯穿着一条抵制极权专制、捍卫个人自由和尊严的直线。这里极权的极是极端的极，不是集中的集，两个词一字之差，其含义却有着重大区别，因为人类历史上由来已久的中央集权统治直到 20 世纪才有条件变种成极权主义。极权主义所谋求的，是从肉体到精神，全面、彻底地操纵和控制人类的每一个成员，把他们改造成实现个别极权主义者梦想的人形机器。20 世纪给人类带来最大灾难和伤害的战争和运动，都是极权主义的"杰作"，德鲁克青年时代经历的希特勒纳粹主义正是其中之一。要了解德鲁克的经历怎样影响了他的信念和价值观，最好去读他的《旁观者》；要弄清什么是极权主义和为什么大众会拥护它，可以去读汉娜·阿伦特 1951 年出版的《极权主义的起源》。

好在历史的演变并不总是令人沮丧。工业革命以来，特别是从 1800 年开始，最近这 200 年生产力呈加速度提高，不但造就了物质的极大丰富，还带来了社会结构的深刻改变，这就是德鲁克早在 80 年前就敏锐地洞察和指出的，多元的、组织型的新社会的形成：新兴的企业和非营利机构填补了由来已久的"国（政府）"和"家（家庭）"之间的断层和空白，为现代国家提供了真正意义上的种种社会功能。在这个基础上，教育的普及和知识工作者的崛起，正在造就知识经济和知识社会，而信息科技成为这一切变化的加速器。要特别说明，"知识工作者"是德鲁克创造的一个称谓，泛指具备和应用专门知识从事生产工作，为社会创造出有用的产品和服务的人群，这包括企业家和在任何机构中的管理者、专业人士和技工，也包括社会上的独立执业人士，如会计师、律师、咨询师、培训师等。在 21 世纪的今天，由于知识的应用领域一再被扩大，个人和个别机构不再是孤独无助的，他们因为掌握了某项知识，就拥有了选择的自由和影响他人的权力。知识工作者和由他们组成的知识型组织不再是传统的知识分子或组织，知识工作者最大的特点就是他们的独立自主，可以主动地整合资源、创造价值，促成经济、社会、文化甚至政治层面的改变，而传统的知识分子只能依附于当时的统治当局，在统治当局提供的平台上才能有所作为。这是一个划时代的、意义深远的变化，而且这个变化不仅发生在西方发达国家，也发生在发展中国家。

在一个由多元组织构成的社会中，拿政府、企业和非营利机构这三类组织相互比较，企业和非营利机构因为受到市场、公众和政府的制约，它们的管理者不可能像政府那样走上极权主义统治，这是它们在德鲁克看来，比政府更重要、更值得寄予希望的原因。尽管如此，它们仍然可能因为管理缺位或者管理失当，例如官僚专制，不能达到德鲁克期望的"负责任地、高绩效地运作"，从而为极权专制垄断社会资源让出空间、提供机会。在所有机构中，包括在互联网时代虚拟的工作社群中，知识工作者的崛起既为新的管理提供了基础和条件，也带来对传统的"胡萝卜加大棒"管理方式的挑战。德鲁克正是因应这样的现实，研究、创立和不断完善现代管理学的。

1999年1月18日，德鲁克接近90岁高龄，在回答"我最重要的贡献是什么"这个问题时，他写了下面这段话：

> 我着眼于人和权力、价值观、结构和规范去研究管理学，而在所有这些之上，我聚焦于"责任"，那意味着我是把管理学当作一门真正的"博雅技艺"来看待的。

给管理学冠上"博雅技艺"的标识是德鲁克的首创，反映出他对管理的独特视角，这一点显然很重要，但是在他众多的著作中却没找到多少这方面的进一步解释。最完整的阐述是在他的《管理新现实》这本书第15章第五小节，这节的标题就是"管理是一种博雅技艺"：

> 30 年前，英国科学家兼小说家斯诺（C. P. Snow）曾经提到当代社会的"两种文化"。可是，管理既不符合斯诺所说的"人文文化"，也不符合他所说的"科学文化"。管理所关心的是行动和应用，而成果正是对管理的考验，从这一点来看，管理算是一种科技。可是，管理也关心人、人的价值、人的成长与发展，就这一点而言，管理又算是人文学科。另外，管理对社会结构和社群（社区）的关注与影响，也使管理算得上是人文学科。事实上，每一个曾经长年与各种组织里的管理者相处的人（就像本书作者）都知道，管理深深触及一些精神层面关切的问题——像人性的善与恶。
>
> 管理因而成为传统上所说的"博雅技艺"（liberal art）——是"博雅"（liberal），因为它关切的是知识的根本、自我认知、智慧和领导力，也是"技艺"（art），因为管理就是实行和应用。管理者从各种人文科学和社会科学中——心理学和哲学、经济学和历史、伦理学，以及从自然科学中，汲取知识与见解，可是，他们必须把这种知识集中在效能和成果上——治疗病人、教育学生、建造桥梁，以及设计和销售容易使用的软件程序等。

作为一个有多年实际管理经验，又几乎通读过德鲁克全部著作的人，我曾经反复琢磨过为什么德鲁克要说管理学其实是一门"博雅技艺"。我终于意识到这并不仅仅是一个标新立异的溢美之举，而是在为管理定性，它揭示了管理的本质，提出了所有管理者努力的正确方向。这至少包括了以下几重含义：

第一，管理最根本的问题，或者说管理的要害，就是管理者和每个知识工作者怎么看待与处理人和权力的关系。德鲁克是一位基督徒，他的宗教信仰和他的生活经验相互印证，对他的研究和写作产生了深刻的影响。在他看来，人是不应该有权力（power）的，只有造人的上帝或者说造物主才拥有权力，造物主永远高于人类。归根结底，人性是软弱的，经不起权力的引诱和考验。因此，人可以拥有的只是授权（authority），也就是人只是在某一阶段、某一事情上，因为所拥有的品德、知识和能力而被授权。不但任何个人是这样，整个人类也是这样。民主国家中"主权在民"，但是人民的权力也是一种授权，是造物主授予的，人在这种授权之下只是一个既有自由意志，又要承担责任的"工具"，他是造物主的工具而不能成为主宰，不能按自己的意图去操纵和控制自己的同类。认识到这一点，人才会谦卑而且有责任感，他们才会以造物主才能够掌握、人类只能被其感召和启示的公平正义，去时时检讨自己，也才会甘愿把自己置于外力强制的规范和约束之下。

第二，尽管人性是不完美的，但是人彼此平等，都有自己的价值，都有自己的创造能力，都有自己的功能，都应该被尊敬，而且应该被鼓励去创造。美国的独立宣言和宪法中所说的，人生而平等，每个人都有与生俱来、不证自明的权利（rights），正是从这一信念而来的，这也是德鲁克的管理学之所以可以有所作为的根本依据。管理者是否相信每个人都有善意和潜力？是否真的对所有人都平等看待？这些基本的或者说核心的价值观和信念，最终决定他们是否能和德鲁克的学说发生感应，是否真的能理解和实行它。

第三，在知识社会和知识型组织里，每一个工作者在某种程度上，都既是知识工作者，也是管理者，因为他可以凭借自己的专门知识对他人和组织产生权威性的影响——知识就是权力。但是权力必须和责任捆绑在一起。而一个管理者是否负起了责任，要以绩效和成果做检验。凭绩效和成果问责的权力是正当和合法的权力，也就是授权（authority），否则就成为德鲁克坚决反对的强权（might）。绩效和成果之所以重要，是因为不但在经济和物质层面，而且在心理层面，都会对人们产生影响。管理者和领导者如果持续不能解决现实问题，大众在彻底失望之余，会转而选择去依赖和服从强权，同时甘愿交出自己的自由和尊严。这就是为什么德鲁克一再警告，如果管理失败，极权主义就会取而代之。

第四，除了让组织取得绩效和成果，管理者还有没有其他的责任？或者换一种说法，绩效和成果仅限于可量化的经济成果和财富吗？对一个工商企业来说，除了为客户提供价廉物美的产品和服务、为股东赚取合理的利润，能否同时成为一个良好的、负责任的"社会公民"，能否同时帮助自己的员工在品格和能力两方面都得到提升呢？这似乎是一个太过苛刻的要求，但它是一个合理的要求。我个人在十多年前，和一家这样要求自己的后勤服务业的跨国公司合作，通过实践认识到这是可能的。这意味着我们必须学会把伦理道德的诉求和经济目标，设计进同一个工作流程、同一套衡量系统，直至每一种方法、工具和模式中去。值得欣慰的是，今天有越来越多的机构开始严肃地对待这个问题，在各自的领域做出肯定的回答。

第五，"作为一门博雅技艺的管理"或称"博雅管理"，这个讨人喜爱的中文翻译有一点儿问题，从翻译的"信、达、雅"这三项专业要求来看，雅则雅矣，信有不足。liberal art 直译过来应该是"自由的技艺"，但最早的繁体字中文版译成了"博雅艺术"，这可能是想要借助它在汉语中的褒义，我个人还是觉得"自由的技艺"更贴近英文原意。liberal 本身就是自由。art 可以译成艺术，但管理是要应用的，是要产生绩效和成果的，所以它首先应该是一门"技能"。此外，管理的对象是人们的工作，和人打交道一定会面对人性的善恶，人的千变万化的意念——感性的和理性的，从这个角度看，管理又是一门涉及主观判断的"艺术"。所以 art 其实更适合解读为"技艺"。liberal——自由，art——技艺，把两者合起来就是"自由技艺"。

最后我想说的是，我之所以对 liberal art 的翻译这么咬文嚼字，是因为管理学并不像人们普遍认为的那样，是一个人或者一个机构的成功学。它不是旨在让一家企业赚钱，在生产效率方面达到最优，也不是旨在让一家非营利机构赢得道德上的美誉。它旨在让我们每个人都生存在其中的人类社会和人类社群（社区）更健康，使人们较少受到伤害和痛苦。让每个工作者，按照他与生俱来的善意和潜能，自由地选择他自己愿意在这个社会或社区中所承担的责任；自由地发挥才智去创造出对别人有用的价值，从而履行这样的责任；并且在这样一个创造性工作的过程中，成长为更好和更有能力的人。这就是德鲁克先生定义和期待的，管理作为一门"自由技艺"，或者叫"博雅管理"，它的真正的含义。

邵明路

彼得·德鲁克管理学院创办人

跨越时空的管理思想

　　20多年来，机械工业出版社华章公司关于德鲁克先生著作的出版计划在国内学术界和实践界引起了极大的反响，每本书一经出版便会占据畅销书排行榜，广受读者喜爱。我非常荣幸，一开始就全程参与了这套丛书的翻译、出版和推广活动。尽管这套丛书已经面世多年，然而每次去新华书店或是路过机场的书店，总能看见这套书静静地立于书架之上，长盛不衰。在当今这样一个强调产品迭代、崇尚标新立异、出版物良莠难分的时代，试问还有哪本书能做到这样呢？

　　如今，管理学研究者们试图总结和探讨中国经济与中国企业成功的奥秘，结论众说纷纭、莫衷一是。我想，企业成功的原因肯定是多种多样的。中国人讲求天时、地利、人和，缺一不可，其中一定少不了德鲁克先生著作的启发、点拨和教化。从中国老一代企业家（如张瑞敏、任正非），及新一代的优秀职业经理人（如方洪波）的演讲中，我们常常可以听到来自先生的真知灼见。在当代管理学术研究中，我们也可以常常看出先生的思想指引和学术影响。我常常对学生说，当你不能找到好的研究灵感时，可以去翻翻先生的著作；当你对企业实践困惑不解时，也可以把先生的著作放在床头。简言之，要想了解现代管理理论和实践，首先要从研读德鲁克先生的著作开始。基于这个原因，1991年我从美国学成回国后，在南京大学商学院图书馆的一角专门开辟了德鲁克著作之窗，并一手创办了德鲁克论坛。至今，我已在南京大学商学院举办了100多期德鲁克论坛。在这一点上，我们也要感谢机械工业出版社华章公司为德鲁克先生著作的翻译、出版和推广付出的辛勤努力。

在与企业家的日常交流中，当发现他们存在各种困惑的时候，我常常推荐企业家阅读德鲁克先生的著作。这是因为，秉持奥地利学派的一贯传统，德鲁克先生总是将企业家和创新作为著作的中心思想之一。他坚持认为："优秀的企业家和企业家精神是一个国家最为重要的资源。"在企业发展过程中，企业家总是面临着效率和创新、制度和个性化、利润和社会责任、授权和控制、自我和他人等不同的矛盾与冲突。企业家总是在各种矛盾与冲突中成长和发展。现代工商管理教育不但需要传授建立现代管理制度的基本原理和准则，同时也要培养一大批具有优秀管理技能的职业经理人。一个有效的组织既离不开良好的制度保证，同时也离不开有效的管理者，两者缺一不可。这是因为，一方面，企业家需要通过对管理原则、责任和实践进行研究，探索如何建立一个有效的管理机制和制度，而衡量一个管理制度是否有效的标准就在于该制度能否将管理者个人特征的影响降到最低限度；另一方面，一个再高明的制度，如果没有具有职业道德的员工和管理者的遵守，制度也会很容易土崩瓦解。换言之，一个再高效的组织，如果缺乏有效的管理者和员工，组织的效率也不可能得到实现。虽然德鲁克先生的大部分著作是有关企业管理的，但是我们可以看到自由、成长、创新、多样化、多元化的思想在其著作中是一以贯之的。正如德鲁克在《旁观者》一书的序言中所阐述的，"未来是'有机体'的时代，由任务、目的、策略、社会的和外在的环境所主导"。很多人喜欢德鲁克提出的概念，但是德鲁克却说，"人比任何概念都有趣多了"。德鲁克本人虽然只是管理的旁观者，但是他对企业家工作的理解、对管理本质的洞察、对人性复杂性的观察，鞭辟入里、入木三分，这也许就是企业家喜爱他的著作的原因吧！

德鲁克先生从研究营利组织开始，如《公司的概念》（1946年），到研究非营利组织，如《非营利组织的管理》（1990年），再到后来研究社会组织，如《功能社会》（2002年）。虽然德鲁克先生的大部分著作出版于20世纪六七十年代，然而其影响力却是历久弥新的。在他的著作中，读者很容易找到许多最新的管理思想的源头，同时也不难获悉许多在其他管理著作中无法找到的"真知灼见"，从组织的使命、组织的目标以及工商企业与服务机构的异同，到组织绩效、富有效率的员工、员工成就、员工福利和知识工作者，再到组织的社会影响与社会责任、企业与政府的关系、管理者的工作、管理工作的设计与内涵、管理人员的开发、目标管理与自我控制、中层管理者和知识型组织、有效决策、管理沟通、管理控制、面向未来的管理、组织的架构与设计、企业的合理规模、多角化经营、多国公司、企业成长和创新型组织等。

30多年前在美国读书期间，我就开始阅读先生的著作，学习先生的思想，并聆听先生的课堂教学。回国以后，我一直把他的著作放在案头。尔后，每隔一段时间，每每碰到新问题，就重新温故。令人惊奇的是，随着阅历的增长、知识的丰富，每次重温的时候，竟然会生出许多不同以往的想法和体会。仿佛这是一座挖不尽的宝藏，让人久久回味，有幸得以伴随终生。一本著作一旦诞生，就独立于作者、独立于时代而专属于每个读者，不同地理区域、不同文化背景、不同时代的人都能够从中得到启发、得到教育。这样的书是永恒的、跨越时空的。我想，德鲁克先生的著作就是如此。

特此作序，与大家共勉！

南京大学人文社会科学资深教授、商学院名誉院长

博士生导师

2018 年 10 月于南京大学商学院安中大楼

彼得·德鲁克与伊藤雅俊管理学院是因循彼得·德鲁克和伊藤雅俊命名的。德鲁克生前担任玛丽·兰金·克拉克社会科学与管理学教席教授长达三十余载，而伊藤雅俊则受到日本商业人士和企业家的高度评价。

彼得·德鲁克被称为"现代管理学之父"，他的作品涵盖了39本著作和无数篇文章。在德鲁克学院，我们将他的著述加以浓缩，称之为"德鲁克学说"，以撷取德鲁克著述在五个关键方面的精华。

我们用以下框架来呈现德鲁克著述的现实意义，并呈现他的管理理论对当今社会的深远影响。

这五个关键方面如下。

（1）**对功能社会重要性的信念**。一个功能社会需要各种可持续性的组织贯穿于所有部门，这些组织皆由品行端正和有责任感的经理人来运营，他们很在意自己为社会带来的影响以及所做的贡献。德鲁克有两本书堪称他在功能社会研究领域的奠基之作。第一本书是《经济人的末日》（1939年），"审视了法西斯主义的精神和社会根源"。然后，在接下来出版的《工业人的未来》(1942年) 一书中，德鲁克阐述了自己对第二次世界大战后社会的展望。后来，因为对健康组织对功能社会的重要作用兴趣盎然，他的主要关注点转到了商业。

（2）**对人的关注**。德鲁克笃信管理是一门博雅艺术，即建立一种情境，使博雅艺术在其中得以践行。这种哲学的宗旨是：管理是一项人的活动。德鲁克笃信人的潜质和能力，而且认为卓有成效的管理者是通过人来做成事情的，因为工作会给人带来社会地位和归属感。德鲁克提醒经理人，他们的职责可不只是给大家发一份薪水那么简单。

对于如何看待客户，德鲁克也采取"以人为本"的思想。他有一句话人人知晓，即客户决定了你的生意是什么、这门生意出品什么以及这门生意日后能否繁荣，因为客户只会为他们认为有价值的东西买单。理解客户的现实以及客户崇尚的价值是"市场营销的全部所在"。

（3）**对绩效的关注**。经理人有责任使一个组织健康运营并且持续下去。考量经理人的凭据是成果，因此他们要为那些成果负责。德鲁克同样认为，成果负责制要渗透到组织的每一个层面，务求淋漓尽致。

制衡的问题在德鲁克有关绩效的论述中也有所反映。他深谙若想提高人的生产力，就必须让工作给他们带来社会地位和意义。同样，德鲁克还论述了在延续性和变化二者间保持平衡的必要性，他强调面向未来并且看到"一个已经发生的未来"是经理人无法回避的职责。经理人必须能够探寻复杂、模糊的问题，预测并迎接变化乃至更新所带来的挑战，要能看到事情目前的样貌以及可能呈现的样貌。

（4）**对自我管理的关注**。一个有责任心的工作者应该能驱动他自己，能设立较高的绩效标准，并且能控制、衡量并指导自己的绩效。但是首先，卓有成效的管理者必须能自如地掌控他们自己的想法、情绪和行动。换言之，内在意愿在先，外在成效在后。

（5）**基于实践的、跨学科的、终身的学习观念。** 德鲁克崇尚终身学习，因为他相信经理人必须要与变化保持同步。但德鲁克曾经也有一句名言："不要告诉我你跟我有过一次精彩的会面，告诉我你下周一打算有哪些不同。"这句话的意思正如我们理解的，我们必须关注"周一早上的不同"。

这些就是"德鲁克学说"的五个支柱。如果你放眼当今各个商业领域，就会发现这五个支柱恰好代表了五个关键方面，它们始终贯穿交织在许多公司使命宣言传达的讯息中。我们有谁没听说过高管宣称要回馈他们的社区，要欣然采纳以人为本的管理方法和跨界协同呢？

彼得·德鲁克的远见卓识在于他将管理视为一门博雅艺术。他的理论鼓励经理人去应用"博雅艺术的智慧和操守课程来解答日常在工作、学校和社会中遇到的问题"。也就是说，经理人的目光要穿越学科边界来解决这世上最棘手的一些问题，并且坚持不懈地问自己："你下周一打算有哪些不同？"

彼得·德鲁克的影响不限于管理实践，还有管理教育。在德鲁克学院，我们用"德鲁克学说"的五个支柱来指导课程大纲设计，也就是说，我们按照从如何进行自我管理到组织如何介入社会这个次序来给学生开设课程。

德鲁克学院一直十分重视自己的毕业生在管理实践中发挥的作用。其实，我们的使命宣言就是：

通过培养改变世界的全球领导者，来提升世界各地的管理实践。

有意思的是，世界各地的管理教育机构也很重视它们的学生在实践中的表现。事实上，这已经成为国际精英商学院协会（AACSB）认证的主要标志之一。国际精英商学院协会"始终致力于增进商界、学者、机构以及学生之间的交融，从而使商业教育能够与商业实践的需求步调一致"。

最后我想谈谈德鲁克和管理教育，我的观点来自2001年11月 *BizEd* 杂志第1期对彼得·德鲁克所做的一次访谈，这本杂志由商学院协会出版，受众是商学院。在访谈中，德鲁克被问道：在诸多事项中，有哪三门课最重要，是当今商学院应该教给明日之管理者的？

德鲁克答道：

第一课，他们必须学会对自己负责。太多的人仍在指望人事部门来照顾他们，他们不知道自己的优势，不知道自己的归属何在，他们对自己毫不负责。

第二课也是最重要的，要向上看，而不是向下看。焦点仍然放在对下属的管理上，但应开始关注如何成为一名管理者。管理你的上司比管理下属更重要。所以你要问："我应该为组织贡献什么？"

最后一课是必须修习基本的素养。是的，你想让会计做好会计的事，但你也想让他了解组织的其他功能何在。这就是我说的组织的基本素养。这类素养不是学一些相关课程就行了，而是与实践经验有关。

凭我一己之见，德鲁克在 2001 年给出的这则忠告，放在今日仍然适用。卓有成效的管理者需要修习自我管理，需要向上管理，也需要了解一个组织的功能如何与整个组织契合。

彼得·德鲁克对管理实践的影响深刻而巨大。他涉猎广泛，他的一些早期著述，如《管理的实践》（1954 年）、《卓有成效的管理者》（1966 年）以及《创新与企业家精神》（1985 年），都是我时不时会翻阅研读的书，每当我作为一个商界领导者被诸多问题困扰时，我都会从这些书中寻求答案。

珍妮·达罗克

彼得·德鲁克与伊藤雅俊管理学院院长

亨利·黄市场营销和创新教授

美国加州克莱蒙特市

本书的关键词是"**卓有成效**"和"**行动**"。

知识渊博的管理者比比皆是，而卓有成效的管理者寥寥无几。但管理者获得报酬并非由于**掌握知识**，而是因为他们**能把正确的事情做成**（getting the right things done）。本书的主题是确定何为正确的事以及如何去做，浓缩了作者与卓有成效的管理者合作共事 60 余年的精华，这些管理者来自美国、加拿大、英国、日本、欧洲大陆、亚洲等，遍布工商企业、政府机构、国防部门、教会以及其他非营利组织（大学、博物馆、医院、工会）。

本书既指明了"做什么"，又阐述了"如何做"，可谓一套自我开发工具。通过在空白部分记录自己的决策、决策依据、预期成果并对照实际结果，管理者与其他专业人员很快就会了解自己擅长什么，需要改进什么，做得非常糟糕的是什么以及根本不应该做什么。**他们会提高对自我、工作和职业生涯的有效认知**。

本书的形式是我的朋友，也是同事约瑟夫·马恰列洛教授设计的。他讲授我的著作长达 30 年之久，比我本人还要熟悉我的著作。

马恰列洛教授确定了本书的各个主题,然后从我和其他人的著作中摘录了一些具体内容,作为本书的主体部分,最后还设计了相应的问题。我和广大读者都应对马恰列洛教授表示衷心的感谢。

本书应该作为管理者实现卓有成效的工具,用来记录其评论、行动、决策和工作成果。

彼得·德鲁克

于美国加利福尼亚州克莱蒙特市

2005 年秋

如何使用本书

本书可以与《卓有成效的管理者》配套使用。它提供了循序渐进的指南，可以帮助你进行自我训练，成为卓有成效的人、卓有成效的知识工作者、卓有成效的管理者——掌握**把正确的事情做成**的能力。本书将会帮助你养成卓有成效的习惯，在工作中有效运用才智。

要想成为卓有成效的人，你需要掌握五种**技能**或**实践**，具体如下。

- 善用时间。

- 专于贡献。

- 扬人之长。

- 要事优先。

- 精于决策。

第一种技能（善用时间）和第四种技能（要事优先）是实现卓有成效的两大支柱。

你可以获得更多任何其他资源，唯有时间除外。时间是你最有限的

资源，因此，时间是把正确的事情做成的基础。要实现卓有成效，首先需要搞清楚时间都去了哪儿，进而采取措施消除浪费你和他人时间的事项。

一旦你顺利消除了浪费时间的事项，接下来第二个支柱就会帮助你确定需要花费时间的优先事项，并把你的时间集中用于最优先的事项。此时你应该优先考虑能对组织做出最大贡献的事项。确定优先事项并集中精力处理，是一项需要远见和勇气的技能。

其余技能依赖"善用时间"和"要事优先"这两大支柱。

要把正确的事情做成，你必须将时间和精力集中在对组织产生成果的工作上。在这里，你首先要考虑**"我的工作岗位的成果有哪些"**，然后问**"我如何能够得到他人的承诺，并帮助我实现这些成果"**。

下一步，你必须学会充分利用自己、下属和上司的长处，必须着手开发自己和他人的才能，必须根据某人的能力及长处而不是短处来做出人事安排和评估决定。人事安排应着眼于用人之长，此外唯一需要关注的是诚实正直的品格。诚实正直本身并不能创造任何成果，但组织领导者如果缺乏这种品格，就会为他人树立反面榜样而搞砸一切。

最后一项技能是精于决策。卓有成效的管理者能够制定有效的决策。制定决策需要遵循一定的步骤，如确保已经恰当地界定了问题，并为有效的决策确定了合适的规范。但有效的决策往往出自观点的碰撞。只有被转化为具体工作，并从结果中获得反馈，决策才能被确定是否有效。

单凭阅读本书，你不会成为一个卓有成效的人。技能都是通过"去做"和不断地实践而开发出来的。

本书为你提供了开发技能的机会。这些机会包括每个章节的"问题"

和"行动"。为了从本书中获得最大收获，你应当填写每节的空白处，回答提出的问题以及尝试每篇阅读材料之后提出的行动步骤。本书中的这些问题和行动都是培养技能的训练。

"问题"部分可以探究你目前的实践，使你做出特定的回答；而"行动"部分则需要你采取措施，提高你的绩效和成就。你应该开展适合自己和所在组织的管理实践。

我们建议大家每次只学习一项技能。本书的每篇阅读材料都参照了《卓有成效的管理者》。相关材料都源自《卓有成效的管理者》的具体段落或在此基础上进行的修正。

更重要的是，在《卓有成效的管理者》出版以后，部分观点已经更新，具体体现在德鲁克后来发表的众多作品中。德鲁克针对上述五种实践的专门著述或讨论已被纳入本书各章。

另外，本书还有大量的补充阅读材料，涵盖了彼得·德鲁克的其他著作。这些内容广泛地涉及每个主题。在有些章节，这些补充阅读材料还包括其他作家相应的资料，它们对该章节的观点进行了补充。

我们祝愿你在追求卓有成效的道路上取得成功。请记住，唯有诚实正直的品格关乎"是什么"，而实现卓有成效所需的上述五种技能都关乎"做什么"。因此，这些技能唯有通过实践、再实践才能熟练掌握。

卓有成效是**可以**学会的。管理者**必须**学会卓有成效。

1

卓有成效是可以学会的

THE EFFECTIVE EXECUTIVE
IN ACTION

引　言

卓有成效意味着把正确的事情做成。卓有成效是一种习惯，具体由五种复杂的技能构成。与培养其他习惯的方式类似，你可以通过实践形成这种习惯。

卓有成效的管理者需要掌握的五种技能如下。

- 善用时间。
- 专于贡献。
- 扬人之长。
- 要事优先。
- 精于决策。

这些技能从表面上看非常简单，但要熟练掌握却极为困难。在学习乘法表的时候，人们需要不厌其烦地重复，直到"6×6=36"成为一种条件反射和根深蒂固的习惯。

同样地，唯有实践、实践、再实践，你才能熟练掌握上述五种技能。（《卓有成效的管理者》第 1 章）

把正确的事情做成

要实现卓有成效，知识工作者首先要把正确的事情做成。

⌒

在一个现代的组织里，如果一位知识工作者能够凭借其职位和知识，对该组织负有做出贡献的责任，因而能对该组织的经营能力及达成的成果产生实质性的影响，那么他就是一位管理者。

——彼得·德鲁克，《卓有成效的管理者》

问　题

组织为我付薪是要我做些什么？如果组织是因为我在本职岗位上**把正确的事情做成**而支付报酬，那么我应当做些什么？我是在做自己不应当做的事情吗？

_____

_____

_____

在就任通用电气首席执行官之初，杰克·韦尔奇就认识到，公司要做的事情并非他个人所设想的海外扩张，而是放弃那些不能在行业内数一数二的业务，无论它们的盈利状况多么好。

Peter F. Drucker，"What Makes an Effective Executive"，

Harvard Business Review，June 2004，p.59

需要做的事情

成功的领导者并不是在最开始便问"我想做些什么"，而是问"需要做些什么"。然后，他们会再问："在那些重要的事情当中，哪些是适合我做的？"他们不会去做自己不擅长的事情。他们会妥善安排其他人做好别的必要的事情，而不是对一切大包大揽。成功的领导者会确保自己做到卓有成效，并且不惧怕别人的优势。安德鲁·卡内基希望在自己的墓碑上刻下这样的话："一位敢于借重比他更优秀者替他工作之人在此安眠。"

Interview by Rich Karlgaard，"Peter Drucker on Leadership"，

Forbes.com，November 19，2004

行　动

取消或者减少那些对卓有成效没有贡献以及不应当由你去做的活动。
你可否举出几个此类事务的例子？

_____

_____

_____

_____

_____

_____

_____

_____

_____

知识的权威

从合法性的角度来看，知识的权威与职位的权威是完全相同的。

～

很少有人认识到，即使当今最常见的组织（工商企业、政府机构、研究实验室、医院）也不得不由大量成员做出决策。知识的权威肯定与职位的权威同样合法，并且这些决策与最高管理层的决策别无二致。

——彼得·德鲁克，《卓有成效的管理者》

问　题

我个人的决策如何影响组织整体的绩效表现？限制我个人贡献能力的因素有哪些？

_____

_____

_____

_____

> 组织中每个层级都要做出决策……在一个基于知识的组织里，较低阶层做出的决策也非常重要。知识工作者应当比其他人更加了解其专业领域，如税务会计等。他们的决策可能会对整个公司产生影响。
>
> Peter F. Drucker，"What Makes an Effective Executive"，
> *Harvard Business Review*，June 2004，p.61

行　动

有些障碍会限制你做出贡献的能力，请列出消除这些障碍的具体措施。

_____

_____

_____

_____

_____

管理者必须面对的现实

根本难题在于管理者的现实处境。

⌒

管理者必须面对四类非其本人所能控制的现实难题。每一类现实难题都在向他施压，使他的工作难以取得成果和绩效。

1. 管理者的时间往往只属于别人，而不属于自己。

2. 管理者被接踵而来的事务淹没，往往被迫忙于"日常运营"。

3. 只有当别人能够利用管理者的贡献时，管理者才算有效。

4. 管理者身处组织内部，即使他要去认知外部世界，也像戴上了一副变形的眼镜。

——彼得·德鲁克，《卓有成效的管理者》

问 题

主要有哪些事情妨碍我去关注结果？我有没有被内部事件和公司政治困住？

_____

_____

_____

行 动

采取行动去解决现实问题，以便能够全身心投入贡献和结果。不要让接踵而来的事务决定你应该做什么。

_____

_____

_____

"卓有成效的个性"

所有卓有成效的管理者都有一个共同点：

有能力把正确的事情做成。

$\backsim$

　　我曾见过许多卓有成效的管理者，他们在气质、能力、做什么、如何做、个性、知识、兴趣等方面千差万别，实际上几乎在个人的所有方面都存在差异，但他们有一个共同点：有能力把正确的事情做成。

——彼得·德鲁克，《卓有成效的管理者》

问　题

　　在我所处的组织中，有哪三位卓有成效的知识工作者？他们最突出的个性特征是什么？他们是如何运用这些个性特征来培养卓有成效的习惯的？通过理解个性特征和卓有成效之间的关系，我能得到什么启发？

_____

_____

_____

_____

卓有成效的管理者在个性、长处、短处、价值理念、信仰等方面千差万别。他们唯一的共同点是有能力把正确的事情做成。存在天生卓有成效之人，但是对卓有成效之人的需求太大以至于天生的非凡人才供不应求。卓有成效是一门学科，与其他学科一样**可以**被学会且**必须**被学会。

Peter F. Drucker，"What Makes an Effective Executive"，
Harvard Business Review，June 2004，p.63

从创业家转变为大型企业的首席执行官

让我们讨论一下不要做哪些事情。不要试图去成为其他任何人。现在，你已经形成了自己的风格，这便是你做事的方式。不要去做你不相信和不擅长的事情，要学会说"不"。卓有成效的领导者能够将个人的主观能力与公司的客观目标结合起来，因此，他们能够迅速完成大量的工作。

Interview by Rich Karlgaard，"Peter Drucker on Leadership"，
Forbes.com，November 19，2004

超凡魅力的危险

众所周知，50 年前我首先谈到了领导力，时至今日，讨论领导力的人依然很多。但是，人们对领导力的重视有些过了头，而对卓有成效却重视不够。对于领导者，我们只能将其定义为拥有追随者的人。20 世纪最具有魅力的领袖有希特勒和墨索里尼，他们都是误导型领袖。如今，人们对魅力型领导的作用有些言过其实了。

想一想，哈里·杜鲁门是美国过去 100 年当中最卓有成效的总统之一，可是，他没有丝毫魅力可言，平淡无奇。但是因为他绝对讲究诚信，与他共事的每个人都很尊敬他。如果杜鲁门说是，那便是是，他说否，那一定是否。而且，他不会在同一件事情上对一个人说是，而对另外一个人说否。在过去 100 年当中，另外一位卓有成效的美国总统是罗纳德·里根。他最突出的优势并非人们通常所认为的个人魅力，而是他完全明白自己能做什么、不能做什么。

Interview by Rich Karlgaard, "Peter Drucker on Leadership",

Forbes.com，November 19，2004

第五级领导者

在近代历史上，有一种最具破坏性的趋势，那就是（尤其是董事会）日益倾向于挑选光彩照人的明星型领袖，淘汰有潜力的第五级领导者。

Jim Collins，*Good to Great: Why Some Companies Make the Leap...and Others Don't*，HarperCollins，2001，p.39

行　动

做你自己。运用你的个性特征来培养卓有成效的习惯。设法改正那些妨碍你实现卓有成效的缺点。

2

掌握自己的时间

THE EFFECTIVE EXECUTIVE
IN ACTION

引　言

每个人的时间都是有限的资源，在生活中完全不可替代。你无法像增加资本和员工等资源那样延长你每天、每周或者每年可以利用的时间。

然而，你所做的每件事都要花费时间，这意味着你必须通过管理你的时间这个最稀缺的资源，来决定你的成就和成效。

如果不能管理好你的时间，你就不能管理好其他事情。因此，时间管理是实现卓有成效的基础。幸运的是，你可以管理自己的时间并通过实践和不断努力来改善时间管理。(《卓有成效的管理者》，第 2 章)

时间：实现成就的限制性因素

卓有成效的人士都明白，时间是一种限制性因素。任何流程的
产出极限都会受到最稀缺资源的制约。在追求我们所认为的
"成就"的过程中，这种最稀缺的资源就是时间。

～

时间也是最特殊的一种资源。在其他各项主要资源中，资金一项实际上
是相当充裕的。此外，另一个限制因素是人力，但总还是可以雇到人才。

只有时间，是我们租不到、借不到，也买不到，更不能以其他手段
获得的。时间的供给丝毫没有弹性。不管时间的需求有多大，供给绝不
可能增加。而且，时间稍纵即逝，根本无法储存。昨天的时间过去了，永
远不再回来。所以，时间永远是最短缺的。

——彼得·德鲁克，《卓有成效的管理者》

问　题

我在做事的时候，是否有意识地将时间视为人生中的一个限制性因素？

―――――――――――――――――――――――――――

―――――――――――――――――――――――――――

―――――――――――――――――――――――――――

―――――――――――――――――――――――――――

―――――――――――――――――――――――――――

―――――――――――――――――――――――――――

除非转化为行动，否则知识对管理者无用。但在采取行动之前，管理者需要制订计划，把想要的成果、可能的限制、未来的修正、核查点、时间使用方式产生的影响等纳入其中。

行动计划是意图的阐述，而不是承诺……由于每次成败都会创造新机会，所以行动计划应该时常修正……书面计划应该保持一定的弹性。

此外，行动计划需要构建一个机制来检查成果是否与预期相符……

　　最后，行动计划必须作为管理者进行时间管理的基础。时间是管理者最稀缺、最宝贵的资源，并且组织……天生会浪费时间。除非行动计划能够决定管理者使用时间的方式，否则将毫无用处。

Peter F. Drucker，"What Makes an Effective Executive"，

Harvard Business Review，June 2004，p.60

行　动

请列出你认为自己在一星期中用于完成各种任务和履行职责的时间。

_____

_____

_____

_____

_____

_____

时间管理：三个步骤

卓有成效的管理者首先要搞清楚，自己的时间都花在哪里了。

∽

有效的管理者并不是一开始就着手工作，他们往往会从时间安排着手。他们并不以计划为起点，认识清楚自己的时间用在什么地方才是起点。然后他们管理自己的时间，削减无生产力工作对他们时间占用的要求。最后，将"可自由支配的时间"，由零星集中成大块连续性的时段。这三个步骤，是管理者有效性的基础：

- 记录时间分配；
- 管理时间；
- 统筹利用可自由支配的时间。

——彼得·德鲁克，《卓有成效的管理者》

问 题

我的工作是从制订任务计划开始的，还是从规划时间开始的？

行　动

从一开始制订任务计划，改为一开始就规划时间。

记录时间分配

管理者实现卓有成效的第一步是记录时间的实际分配情况。

∽

有效的管理者往往至少以连续三四个星期为一个时段，每天记录。有了这些记录后，他们可以据此重新思考并重定时间表。

——彼得·德鲁克，《卓有成效的管理者》

问　题

我记录了自己使用时间的情况吗？我多长时间记录一次？我采用了什么方法？我采用了当今的科技手段来有效地对活动进行分类吗？

_____

_____

_____

_____

行　动

　　按照活动分类创建一个时间日志，来确定你的时间分配。你可能要安排一位助手来帮你这样做。确定一个更新你的时间日志的频率（比如每星期一次，或者每月一次）。

_____

_____

_____

_____

_____

_____

_____

_____

消除浪费时间的活动

首先，识别并取消那些根本不需要做的事务。

∽

任何一位知识工作者，无论其级别多高，都可以把占用其 1/4 时间的事务扔进垃圾桶，而不会有任何人发觉。

——彼得·德鲁克，《卓有成效的管理者》

问　题

要问问自己"对于我时间记录中的每项活动，如果我根本不做会怎样"，从而找出纯粹是浪费时间的活动。

_____

_____

_____

_____

行　动

取消这些活动。不要担心减少得过多。如果你减得太狠，很快就会有人反映。

把事务委派出去

~

我从来没见过一位知识工作者，在检讨了自己的时间记录后，还不改变自己的习惯，将不必亲自处理的事交给别人。只要翻阅一下时间记录，他就能立刻发现他的时间全用在不必要的事上了，而对于确属重要的事、他自己希望做的事和他已经承诺过的事，却没有时间来处理。他如果真想有所作为，只需要将别人能做的事交给别人就行了。

——彼得·德鲁克，《卓有成效的管理者》

问 题

在我的时间日志上，哪些事务其他人也可以做得很好，甚至更好？我可以把这些事务委派给谁？关于委派给他人的事务的进展情况，技术可以帮我节省用于跟踪的时间吗？

能干的领导如何把事情搞砸

多年以前，德国在第二次世界大战前的最后一任民主党总理为海因里希·布鲁宁（Heinrich Bruning）博士，他是与我共事过的能力最强的一个人。他拥有一种难以置信的能力，能够看到问题的核心，但是他财务方面的能力非常弱。他原本可以授权他人来处理财务工作，却自己浪费了无数时间做财务预算，结果很糟糕。在大萧条时期，他的失败造成了灾难性后果，直接导致了希特勒的上台。所以，绝对不要试图成为自己不擅长领域的专家。

要发挥自己的优势，并且物色有实力的人来做其他必要的工作。

Interview by Rich Karlgaard，"Peter Drucker on Leadership"，

Forbes.com，November 19，2004

行　动

做最重要的事情。把其他人能做的事委派出去。尝试定期采用技术手段检查委派事务的进展情况。

浪费别人的时间

我都做了哪些事情，既浪费了你的时间，

又没有对你的工作成效有所贡献？

〜

　　管理者开展工作的方式可能……是对他人时间的重大浪费。某个大企业机构的财务经理深感会议浪费了太多时间。通常不管讨论的是什么，他都通知财务部各主管全体前来开会。其结果是会议每次都拖得很长。出席会议的每一位主管为了表示自己对问题的关切，都得提出自己的意见，而这些意见却大多与问题无关，会议时间自然拖长了。直到有一次这位财务经理诚恳地问了大家，才知道大家也都认为会议太浪费时间了。可是，他又想到，组织中人人都把身份地位和"知情"看得极为重要，如果未邀请某人参加会使其认为自己受轻视和被冷落。

　　　　　　　　　　　　　　　　——彼得·德鲁克,《卓有成效的管理者》

问　题

询问你的同事："我都做了哪些既浪费了你的时间，又没有对你的工作成效有所贡献的事？"

_____

_____

_____

_____

行　动

取消所有浪费他人时间的活动。

_____

_____

_____

减少那些因管理不善而产生的工作

所谓例行流程，是将本来要靠专家才能完成的工作，

设计成无须研究判断，人人均可完成的工作

～

找出由于制度不健全或思虑欠周而浪费时间的事务。应注意的现象是一而再再而三出现同样的"危机"。同样的危机如果出现了第二次，就绝不应该让它出现第三次。工厂中每年发生的库存危机问题，就属于这一类。

一项重复出现的危机应该是可预见的。因此，这类危机可以预防，或可以设计成一种例行流程，使每个人都能处理。例行流程可以说是专家从过去的危机中，学会的一套有系统和有步骤的处理方式。重复出现的危机，并不仅限于组织的较低层次。组织中的每个部门都深受其害。

——彼得·德鲁克，《卓有成效的管理者》

问　题

在我的组织中，哪些重复出现的危机导致了戏剧性的事件？

_____

_____

_____

_____

行　动

针对每种重复出现的危机，制定一套解决问题的流程，并且安排合适的人选负责流程的实施。然后定期检查，以确保该流程一直执行下去。

_____

_____

_____

_____

冗员问题

浪费时间常常是冗员问题导致的。

～

判断人员是否过多，有一个靠得住的标准。如果一个高级管理人员不得不将他工作时间的 1/10 花在处理所谓的"人际关系问题"上，花在处理纠纷和摩擦上，花在处理争执和合作等问题上，那么这个组织就人员过多了。当人员过多，彼此掣肘，人员就成了绩效的阻碍，而不是实现卓越绩效的手段。在精干的组织里，人的活动空间较大，不至于互相冲突，工作时也不用总向别人说明。

——彼得·德鲁克，《卓有成效的管理者》

问　题

我所在的组织中，"人际关系问题"是否消耗了知识工作者大量的时间和精力？

_____

_____

_____

价值理念

第一银行（Bank One）的另一个价值理念是："我们努力通过高效的运营实现低成本。"具体行为包括：

- 越精干越好。

- 消除官僚主义。

- 不遗余力地降低浪费。

- 运营应当快速、简单。

- 珍惜彼此的时间。

- 在基础设施建设上进行投入。

- 我们应当最了解自己的业务，不需要顾问告诉我们该怎么做。

Jack Welch，*Winning*，HarperBusiness，

HarperCollins Publisher，2005，p.20

行　动

创造一个精干的组织，员工开展工作时有足够的空间而不会相互冲突。

组织不健全

另外一个常见的浪费时间的原因是组织不健全，

具体表现为会议过多。

∽

所谓会议，顾名思义，是靠集会来商议，是组织缺陷的一种补救措施。我们开会时就不能工作，工作时就不能开会，谁也不能同时既开会又工作。一个结构设计臻于理想的组织，应该没有任何会议。

我们之所以要开会，只是因为各有各的工作，要靠彼此合作才能完成某一特定任务。我们之所以要开会，只是因为某一情况所需的知识和经验，不能全部装在一个人的头脑里，需要集思广益。

——彼得·德鲁克，《卓有成效的管理者》

问　题

我所在组织的知识工作者花费了相当多的时间用于开会吗？他们是否能够掌握并整合所需的知识以卓有成效地开展工作？

_____

_____

行　动

如果组织中某些群体的成员开会过多，就需要将他们的工作进行整合和重新设计。评估每次会议的目的，取消那些没有明确目的的会议。

信息功能不健全

～

最后一项浪费时间的因素，是信息功能不健全。某一医院的院长多年来一直为应付院内医生的电话而苦恼。医生打电话给他，要求他为病人安排床位。住院部说没有床位，但这位院长几乎每次都可以找到空床位。原因是在病人出院时，住院部不能立刻接到通知。当然，有没有床位，各病房的护士长都清楚，主办出院结账手续的出纳台也知道。住院部的人每天早上 5 点进行床位调查，而通常病人大多是在上午医生查房之后才办出院手续。其实像这样的问题，只需要各病房护士长在填写出院通知单给出纳台时，多填一份副本送到住院部就解决了。

——彼得·德鲁克，《卓有成效的管理者》

问　题

我是否收到过错误的或过时的信息？如何使这些信息更加准确呢？

_____

_____

_____

行　动

采取措施确保你收到的信息既及时又准确，便于正确地采取行动。

创造、整合可自由支配的时间

有多少可以"自由支配"的时间？也就是说，

用于完成重大任务、真正做出贡献的时间有多少？

～

统筹、集中可自由支配的时间，具体的方法倒是其次，重要的是指导原则。

大部分人采用的方法是把次要的工作集中起来处理，从而在两个这样的时段之间腾出一块时间。[⊖]

——彼得·德鲁克，《卓有成效的管理者》

问 题

我有具体的方法来创造、整合可自由支配的时间吗？是什么方法？

每周我可以"清理"出多少可自由支配的时间？

_____

_____

_____

⊖ 这样做的用处不会太大，因为人们在心理上或时间上，仍然放不下那些次要的事情，放不下那些贡献很少而又被认为不得不做的事情。

行　动

利用时间记录并缩减浪费时间的事务来获得大量可自由支配的时间。**比较你实际的时间流向和你认为（应该）的时间分配**。务必把最优先的次序和最好的时间用于能帮助组织取得最大效益的事务。

高效地利用可自由支配的时间

所有卓有成效的人士都坚持不懈地进行时间管理。他们不但
连续记录时间日志，而且定期予以分析。他们在个人对可自由
支配时间判断的基础上，为重要的活动设定了最后期限。

～

　　我认识一位极其卓有成效的管理者，他经常随身带着两份任务单：一
份是紧急事务，另一份是不喜欢但不得不做的事务——每一项都有完成期
限。每当发现第二份任务单中的事务没有在预定期限内完成时，他就会警
觉到可自由支配的时间已经悄悄溜走了。

——彼得·德鲁克，《卓有成效的管理者》

问　题

我是否为在可自由支配时间内从事的事务设定了优先次序？

_____

_____

_____

行　动

在可自由支配的时间里，为你认为重要的和不喜欢的事务设定完成的最后期限。如果你发现这些期限被突破了，重新回到时间管理的三个步骤，设法找出可弥补损失的可自由支配时间。

3

第 3 章

我能贡献什么

THE EFFECTIVE EXECUTIVE
IN ACTION

引　言

要实现卓有成效，你必须注重贡献，并且要问自己："我能贡献什么，才会对自己所服务机构的整体绩效和成果产生重要影响？"然后接着问："为了现在和未来做出贡献，我需要做哪些自我开发？"

注重贡献总是要求你把注意力从自己的专业、技能、部门，转移到真正能为组织的整体绩效做出贡献的事务上。这进一步要求你重视组织的外部世界。组织的成果在组织之外。

你应当对自己提出很高的要求，因为只有这样，你才能发展。你的成长取决于你对取得的成就的要求。如果你的要求很低，就会成长缓慢。如果你对自己要求较高，就会成为参天大树。

要拥抱变革！有一点很确定，那就是明天的机会将与今天的不同。

卓有成效的人士会经常向组织中的其他人（上司、下属，最重要的是其他领域的同事）询问："要实现你对组织的贡献，需要我做些什么？什么时候需要？以什么方式需要？"这些问题强调了知识型组织的现实，即卓有成效的工作实际上是通过拥有广泛知识和技能的团队及其成员来完成的。（《卓有成效的管理者》，第 3 章）

注重贡献：直接成果、价值理念与人才发展

卓有成效的人士注重贡献。

～

注重贡献是实现卓有成效的关键，它体现在：①自己的工作，包括工作内容、工作水准及其影响；②自己与他人的关系，包括与上司、同事和下属的关系；③各项管理手段的运用，例如会议或报告等。

注重贡献，才能使管理者的注意力不为其本身的专长所限，不为其本身的技术所限，不为其本身所属的部门所限，才能看到整体的绩效，同时也才能使其更加重视外部世界。只有外部世界才是产生成果的地方。

"贡献"一词在不同的场合有不同的含义。每个组织都需要在三个主要领域取得绩效，具体包括直接成果；价值理念／定位的确立与重申；培养与发展明天所需要的人才。

——彼得·德鲁克，《卓有成效的管理者》

问　题

我是否把精力和时间都花在了自己的专业上？还是我更多在努力为组织的使命和绩效做出贡献？

行　动

将你的贡献聚焦在组织的整体使命上。

注重成果

我能贡献什么？这些贡献会对自己所服务机构的

整体绩效和成果产生重要的影响吗？

∽

　　卓有成效的人士一定注重贡献。他不仅埋头从事工作，而且抬头眺望目标。他经常自问："为了推动组织的成果和绩效目标的达成，我可以做出哪些贡献？"他强调的是责任。

——彼得·德鲁克,《卓有成效的管理者》

问　题

　　在工作中我更关注努力还是成果？我有没有超越自己的职位，把注意力放在外部和组织的整体绩效上？

_____

_____

_____

我应该贡献什么

纵观历史，绝大多数人从未问过一个问题——我应该贡献什么？别人会告诉他们该贡献什么，他们的工作任务要么由岗位本身决定（比如农民或者手工艺人），要么由主人分配（比如家里的仆人）。

……简单地回答"按照别人的命令或安排来做事"是得不到奖励的。知识工作者尤其要学会提出以前没人问过的问题：我的贡献**应该**是什么？为回答该问题，他们必须首先明确三个要素：形势有什么要求？鉴于自身的长处、实现绩效的方式以及价值理念，我如何才能为需要做的事情做出最大贡献？最后，必须达成什么成果才能有助于组织卓尔不群？

Peter F. Drucker，"Managing Oneself"，

Harvard Business Review，January 2005，p.106

第五级领导者

对创造出可持续**成果**的需求，强烈驱动并影响着第五级领导者。他们下定决心不惜一切代价让企业迈向卓越，不管需要做出多么重大和艰难的决策。

Jim Collins，*Good to Great: Why Some Companies Make the*

Leap...and Others Don't，HarperCollins，2001，p.39

主动冒险的力量

"为实现出色的绩效，多数人想的是达成商定的绩效目标。这

当然没错。

　　但获得晋升的更有效方式是拓展工作和职责的范围，采取大胆的和出乎人们意料的行动举措。提出一些新的理念或流程，让它们不仅能够提升你的个人成果，也能提高部门和企业的整体绩效。"

Jack Welch，*Winning*，HarperBusiness，
HarperCollins Publisher，2005，pp.280-281

行　动

　　列举你可以为企业做出的各种贡献，并与你当前的实际贡献进行比较。

_____

_____

_____

_____

知识工作者的贡献

～

如果知识工作者不问问自己"我可以做出什么贡献"，那么他们在工作中不仅可能设立过低的目标，甚至可能设立错误的目标。最重要的是，他们可能会过于狭隘地界定自己的贡献。

——彼得·德鲁克，《卓有成效的管理者》

问　题

我是如何界定自己的任务的？

_____

_____

_____

_____

_____

_____

行　动

现在花点时间把你的任务界定得宽泛些，这样就能把目标定得高一些，且有助于做正确的事情。

_____

_____

_____

_____

_____

_____

_____

_____

_____

_____

三个关键的绩效领域

每个管理者的贡献中，都必须包含这三个方面。

⌒

　　每个组织都需要在三个主要领域取得绩效，具体包括直接成果；价值理念／定位的确立与重申；培养与发展明天所需要的人才。如果其中任何一个领域缺乏绩效，组织就会衰败甚至消亡。因此，每个管理者的贡献中，都必须包含这三个方面。

——彼得·德鲁克，《卓有成效的管理者》

问　题

我如何通过自己的工作成果来影响组织在这三个方面的绩效？

_____

_____

_____

_____

行　动

基于自己的岗位，对这三个领域的重要程度进行排序，确定你现在可以采取哪些措施来增加自己在其中一个或多个领域的贡献。记录你取得的进步。

直接成果

~

通常情况下，一个组织的直接成果是显而易见的。在企业机构，销售和利润就是直接成果；在医院，直接成果是对患者的护理和治疗。

——彼得·德鲁克,《卓有成效的管理者》

问　题

我所在岗位的直接成果有哪些？我所在岗位的直接成果模糊不清吗？我如何测量或者评估直接成果？

_____

_____

_____

_____

_____

行　动

　　找到最合适的定量和定性的评估指标来衡量直接成果的达成情况，包括那些直接成果模糊不清的领域。运用这些指标来评估你的工作成果，让当前模糊不清的地方变得清晰起来。

组织追求和坚持什么

～

如同人体需要不断补充维生素和矿物质，任何组织都需要对价值理念／定位做出承诺并不断重申。一个组织必须有自己的主张、追求和坚持，否则就会陷入无序、混乱和瘫痪。

——彼得·德鲁克，《卓有成效的管理者》

问　题

我的组织秉持的价值理念和定位是什么？组织在与员工、客户、供应商和社区的互动中，坚持这些价值理念了吗？我是否感到满意？组织是否存在因为缺乏对价值理念的承诺而造成的混乱和瘫痪等状况？我拥护组织的价值理念吗？

_____

_____

_____

_____

行　动

如果组织的价值理念是健康的，请采取措施不断向员工、客户、供应商强调这些理念。确保组织的价值理念是有益于社会的。

_____

_____

_____

_____

_____

_____

_____

_____

人才后备梯队

不能自我延续的组织已经失败了。

～

不能自我延续的组织已经失败了。因此，组织必须在当下就培养未来的管理者，必须更新人力资本，并持续提升人力资源水平。

固守当前的愿景、优势和成就的组织已经丧失适应能力。既然人类世界唯一确定的就是变化，那么僵化的组织将无法在变幻莫测的明天生存下去。

——彼得·德鲁克，《卓有成效的管理者》

问　题

我的组织有没有构建一个系统性的流程，来识别、开发新人才以满足未来的需求？

_____

_____

_____

第五级领导者

以自我为中心的第四级领导者沉湎于在位时的辉煌，对继任者和组织未来的发展漠不关心；第五级领导者则着眼于组织的长远发展，为了下一代获得更大的成功而精心选择继任者。

Jim Collins，*Good to Great: Why Some Companies Make the Leap...and Others Don't*，HarperCollins，2001，p.39

HR 部门

把 HR 部门提升至组织中的实权部门和首要地位，确保 HR 部门成员掌握专业技能来帮助管理者提升领导力并打造职业生涯。实际上，最优秀的 HR 是集牧师与父母角色于一身的人。

Jack Welch，*Winning*，HarperBusiness，HarperCollins Publisher，2005，p.98

行 动

为了应对快速变化带来的挑战，对组织当前的管理者继任流程进行改革，或者提出建议。

注重贡献和人员发展

人往往会根据外界要求的高低来调整自己。

∽

　　注重贡献是人才发展最大的动力，因为人可以根据外部的要求调整自己。注重贡献的管理者还可以帮助那些与他共事的人将眼光放得更远，这样也就提高了他们的工作水准。

　　承诺做出贡献就是承诺为卓有成效负责。缺少这种承诺，一个人就是在自欺欺人，会损害其服务的组织，也会让周遭的同事受损。

　　——彼得·德鲁克，《卓有成效的管理者》

问　题

　　在我的职业生涯中，在哪些情形下我成长得最快？我的自我期望和他人的期望在我的职业成长中发挥了什么作用？对于可以视为自我的延伸的组织，我做出了多大的为之贡献的承诺？

_____

_____

_____

行　动

你一旦发现了自身和下属的长处，请务必和他们一起通过充分发挥这些长处来达成期望的高绩效。

挑战和贡献

在许多情况下，失败者工作得更努力。

∽

在第二次世界大战期间，美国政府中有所作为的人普遍注重贡献。他们不仅能主动改变自己的工作内容，还能改变自己对工作中每个价值维度的相对重要性的判断。在许多情况下，失败者工作得更努力。他们的缺点在于不懂得挑战自我，并且没有认识到需要改变努力的方向。

——彼得·德鲁克，《卓有成效的管理者》

问　题

我专注于那些对组织绩效产生重要影响的、正确的成果了吗？我能做哪些别人做不了但一旦做好就会对组织产生重要影响的事情？

_____

_____

_____

_____

行　动

要挑战自己！调整努力的方向，提高个人的贡献，以更聪明的方式工作。

_____

_____

_____

_____

_____

_____

_____

_____

_____

管理者的失败

管理者的失败，原因很多。常见的原因应该是他本人在出任一个新职位时，不能或不愿为适应新职位的需要而改变自身。自以为过去做得成功了，因此满足于自己老一套的工作方法，结果必然遭遇失败。

——彼得·德鲁克，《卓有成效的管理者》

问　题

对于我的岗位而言，我的贡献应该指向什么成果？最近，我的岗位三个绩效维度的相对重要性发生变化了吗？我在做最新的工作任务时是不是复制了以往工作的做法？

行　动

　　假设你以往的工作模式不适用于目前新的职位了。认真思考：在目前所在的职位上，哪些是真正应该做的正确的事情？找到做成这些事情的正确方法。

_____

_____

_____

_____

_____

_____

_____

_____

_____

知识沟通

∽

知识工作者有责任努力让别人理解自己。有些专业人员认为，普通人应该并且可以做出努力来理解他们，甚至认为他们只要能够和同行少数专业人员沟通就够了，这真是傲慢自大。

——彼得·德鲁克，《卓有成效的管理者》

问　题

我是在最大限度地运用我的知识为组织做出贡献吗？在适当的时候，我能有效地与他人交流自己掌握的知识吗？

_____

_____

_____

_____

_____

承担沟通的责任

　　卓有成效的管理者会确保其他人了解自己的行动计划和信息需求……每位管理者必须找出自己所需的信息，提出要求，不断催促，直到得到这些信息。

Peter F. Drucker，"What Makes an Effective Executive"，

Harvard Business Review，June 2004，pp.61-62

行　动

　　询问组织中上级、下属和其他部门的同事等："要帮助你对组织做出贡献，需要我做些什么贡献？何时需要？以何种方式需要？"使其他依赖你的专业知识来工作的人能够很容易地获得这些知识。

良好的人际关系

注重贡献本身为有效的人际关系提出了四项基本要求。

⌒

　　一个组织中的知识工作者拥有良好的人际关系，并不是因为他们有"人际交往的天赋"，而是因为他们在工作和人际交往中都坚持注重成果与贡献。

　　有效的人际关系，有下列四项基本要求。着眼于贡献，正可满足这些条件：

- 互相沟通；
- 团队合作；
- 自我发展；
- 发展他人。

——彼得·德鲁克，《卓有成效的管理者》

问　题

组织和上司要求我做出哪些贡献？

_____

_____

飞轮效应[⊖]

推动组织从优秀走向卓越的领导者，基本上不会为"建立协同""激励团队"或"管理变革"费神。在适当的条件下，承诺、协调、动机与变革等难题在很大程度上会自行解决。当成果和飞轮的蓬勃动量出现的时候，协同就会随之而来；反之则不然。

Jim Collins，*Good to Great: Why Some Companies Make the Leap...and Others Don't*，HarperCollins，2001，p.187

行　动

与上司、同事和下属共同努力，达成最佳的团队成果和贡献。创建一个士气高昂的团队。

⊖ 所谓飞轮效应（flywheel），是指为了使静止的飞轮转动起来，一开始人必须使很大的力气，一圈一圈反复地推，每转一圈都很费力。但是每一圈的努力都不会白费，飞轮会越转越快。达到某个临界点之后，飞轮的重力和冲力就会成为推动力的一部分。这时，无须再费更大的力气，飞轮依然会快速、不停地转动。——译者注

互相沟通

沟通如果只是建立在自上而下的基础上，是根本不可行的。

～

上级对下属说得越严厉，下属就越听不进去。下属要听的是自己想听的，而不是对方所说的。

——彼得·德鲁克，《卓有成效的管理者》

问　题

我是否要求下属对他们的工作贡献负责？我如何与上级和下属沟通？是上行沟通、下行沟通还是平行沟通？

_____

_____

_____

_____

行　动

让你的下属为沟通负起责任。要充分运用他们的知识和技能，将你对贡献的责任作为沟通的基础。

团队合作

注重贡献会带来横向沟通，并且使团队合作成为可能。

～

"谁必须利用我的产出才能实现卓有成效？"向自己提出这个问题的管理者会发现，有很多人与自己在工作中相互依赖，但不在组织正式的上下级权威命令链中。它还凸显了知识型组织的现实：卓有成效的工作，需要由掌握不同知识和技能的人构成的团队来完成。

——彼得·德鲁克，《卓有成效的管理者》

问　题

我所在的组织中，人们更多地基于工作任务的需要自发地协作，还是更多地基于正式的上下级关系开展工作？

_____

_____

_____

_____

组织是如何失败的

要确保与你共事的人了解你工作的优先顺序。当员工需要猜测老板在做什么工作的时候，毫无疑问他们是猜不对的，如此组织便会失败。因此，首席执行官需要说："我正专注于此。"然后，首席执行官需要问他的助手："你们专注于什么？"询问你的助手："你为什么把此事放在最优先的位置？"他们的原因也许正确，也许你的这位助手善于推销，即使他的优先顺序不对，他也会设法说服你。所以，要确保你了解助手的工作优先顺序，确保在与他们沟通之后，大家坐下来写两页的备忘。"我想这些就是我们讨论和决定下来的事情，我想你对这些事情做出了承诺，在某某时间内完成。"最后，问问他们："在实现目标的过程中，你期望从我这里得到什么帮助？"

Interview by Rich Karlgaard，"Peter Drucker on Leadership"，

Forbes.com，November 19，2004

行　动

进行必要的沟通，以便你了解自己的同事，了解彼此的需求、目标和做事的方式。

要实现有效的沟通，就不要**仅仅**依赖书面的沟通方式。

自我发展

～

　　个人能否有所发展，在很大程度上要看你是否注重贡献。如果我们自问：我能对组织做的最大贡献是什么？这就等于是问："我需要怎样的自我发展，我应该学习什么知识和技能，才有助于我对组织做出贡献？我应该将我的哪些优点用在我的工作上？我应为自己设定怎样的标准？"

　　——彼得·德鲁克，《卓有成效的管理者》

问　题

　　为了对组织做出有效的贡献，我需要掌握自我发展的哪些知识和技能？我怎样运用这些知识和技能履行工作职责？

_____

_____

_____

_____

行　动

制订一个计划，来学习你所需的知识和技能，对组织做出最大的贡献。追求卓越！

_____

_____

_____

_____

_____

_____

_____

_____

_____

发展他人

⌒

注重贡献的管理者也会激励他人（上司、下属、同级人员）自我发展。他设定的标准并非基于个人喜好，而是基于任务的要求。与此同时，他设定的标准中饱含追求卓越的热情、宏伟的目标、影响深远的成果。

——彼得·德鲁克，《卓有成效的管理者》

问　题

我要求下属实现卓越的成果了吗？我为员工增长才干提供了必要的工具和机会了吗？我欢迎能力比我更强的下属吗？

行　动

制订并实施一个计划，鼓励每位下属充分挖掘自身的潜力。

使会议富有成效

会议要召开得富有成效，关键在于提前确定会议的类型。

～

不同类型的会议需要不同形式的准备工作和不同的结果：

准备一个声明、通报或者新闻发布的会议。

由一个人提前准备草稿。在会议结束时，提前指定的人员必须负责公布最终文稿。

通告类型的会议，比如，通报一次组织变革。

会议必须仅限于对变革的通报和讨论。

由一个成员做报告的会议。

仅仅讨论报告本身，其他都不涉及。

由几位成员或者所有成员做报告的会议。

讨论必须仅限于解释说明……在这种类型的会议上，所有报告都必须提前限定时间。

以让其他与会者和管理者见面为唯一目的的会议。

卓有成效的高层管理者不会让这类会议占用过多的工作时间。

Peter F. Drucker，"What Makes an Effective Executive"，

Harvard Business Review，June 2004，pp.62-63

问　题

我是否按照合适的会议类型来组织会议？

如何领导 21 世纪的组织

无须频繁去各地视察工作，安排必要的出差即可。保证与员工每年一两次的会面，这一点非常重要。除此以外尽量不要花费时间出差。你可以让其他人出差来与你见面，也可以运用科技手段，这比出差费用低……第二点，确保你的子公司和驻外办公室承担起向你提供信息的责任。所以，每年要问他们两次："你们要向我汇报什么？"同时还要问："对我的工作和计划，你们还需要了解哪些信息？"

Interview by Rich Karlgaard，"Peter Drucker on Leadership"，

Forbes.com，November 19，2004

行　动

根据会议的类型和目标来准备与组织会议。

有效的会议

∾

卓有成效的管理者在会议开始时，会先说明会议的目的和要取得的成果。他会设法让会议只围绕主题和目标展开。他绝不会让下达通知的会议沦为参会者的闲谈聚会。

——彼得·德鲁克,《卓有成效的管理者》

问　题

我最经常召开的会议是哪种类型？有效性如何？

_____

_____

_____

_____

_____

∾

行　动

说明每次会议的具体目标和预期产生的具体贡献。

确定会议应采用的类型，然后坚持采用适当的会议形式。

在会议目的达到之后，立即结束会议。

切莫增加讨论的事项。总结会议及需要采取的行动，然后闭会。

跟进会议事项，确保会上达成一致的行动计划得到切实的落实。

4

如何发挥人的长处

THE EFFECTIVE EXECUTIVE
IN ACTION

引　言

作为管理者，你的任务就是提高组织中个体的绩效能力。这就是说，你应当根据每个人能做什么（即他的长处和优势）来制定人事决策，进而要求他们做好工作。

你不能依赖你自己、老板或者其他人的劣势来做人员安排。因此，人员安排决策就是将优势最大化。这并不意味着你应当忽视劣势。人人都有劣势，你应当将一个人安排到他能够最大限度地发挥其优势的岗位，使他的劣势不会伤害到个人的岗位绩效和组织的整体绩效。

扬长避短的原则只在一种例外情况下不适用。好的品格和正直本身不能完成任何工作，但缺少这两者会影响其他一切。因此，这方面的短处就意味着彻底丧失资格，而不是绩效能力和长处的限制因素。

首先应当关注个体领导者绩效的提升，而不是整个组织的绩效。如果你的领导班子绩效水平较高，那么组织的平均绩效就会得到提升。所以，要确保你将具有出色完成工作优势的人安排到领导岗位上。这就要求你将注意力集中在一个人的优势上，将其劣势视为无关紧要，除非这些劣势阻碍了此人优势的全面发挥。

然后，彻底想清楚你自己和上司的长处所在。向那些了解你的人询问，以帮助你认清自己的长处。制订一个持续学习的计划，借此进一步发展这些优势。你可以运用同样的方式，尽你所能地强化你上司的优势，保护其不受劣势的影响，使他们具有生产力。（《卓有成效的管理者》，第 4 章）

组织的目的

让人们充分发挥长处以取得卓越绩效，是组织唯一的目的。

～

有效的管理者能使人发挥其长处。他知道只抓住缺点和短处是干不成任何事的，为实现目标，必须用人所长——用其同事之所长、用其上级之所长和用其本身之所长。利用好这些长处可以给你带来真正的机会。让人们充分发挥长处以取得卓越绩效，是组织唯一的目的。

管理者的任务不是改变人。正如《圣经》中"按才受托的比喻"[○]那样，管理者的任务是让人们的全部长处、力量和抱负得到充分施展，从而提高组织的整体绩效。

——彼得·德鲁克，《卓有成效的管理者》

○ "按才受托的比喻"（the Parable of the Talents）是一则外出的主人把家业交给三位仆人打理的寓言，其中两位仆人赚回了各自等量的钱，第三位仆人把钱藏了起来，主人返回后夸赞前两位仆人，并把更多的钱交给两人管理，同时斥责第三位仆人，甚至把他原有的钱也予以剥夺。原文参见《圣经·马太福音》（和合本）第 25 章。"马太效应"就出自这个比喻，反映的是两极分化，富的更富、穷的更穷以及强者越强、弱者越弱的现象。——译者注

问　题

我努力地去了解同事、下属和老板的优势了吗？他们都有哪些优势？在组织中，我如何能够将这些优势发挥到极致？

_____

_____

_____

_____

_____

_____

_____

行　动

将你所在组织中的人员都安排到与其优势、能力水平和个人抱负相匹配的工作岗位上，以提升他们的绩效水平。

根据长处配备人员

～

有效的管理者择人任事和升迁，都以一个人能做些什么为基础。所以，他的用人决策不在于如何克服人的短处，而在于如何发挥人的长处。

——彼得·德鲁克，《卓有成效的管理者》

问　题

在填补空缺岗位的时候，我是寻找在完成工作任务方面具有特殊优势的人呢，还是物色各方面都过得去、没有明显劣势的人呢？

_____

_____

_____

_____

_____

行　动

　　将注意力集中在潜在候选人能做什么上，并确定这些优势是不是完成特定工作任务所需的优势。

人的劣势

有高峰必有深谷。

∾

才干越高的人，缺点也往往越多。有高峰必有深谷，谁也不可能是十项全能。与人类现有博大精深的知识、经验、能力的汇集总和相比，任何伟大的天才都不及格。

绩效只能建立在优势的基础上。最重要的莫过于完成工作任务的能力。

——彼得·德鲁克，《卓有成效的管理者》

问　题

我是个完美主义者吗？对于候选人存在的不足，我是将之视为可能会影响其绩效表现的限制因素呢，还是因此就直接取消他的资格呢？

_____

_____

_____

我有哪些优势

与此同时，反馈能够显示出何时出现缺乏礼节的问题。礼节是组织的润滑剂。有一种自然法则：两个运动的物体一旦互相接触就会产生摩擦。物体是这样，人也是如此。两个人无论是否喜欢对方，如果能说"请""谢谢"等简单用语，记住别人的名字或者问候他的家人等，都能够一起共事。聪明的人，尤其是聪明的年轻人往往不会理解这一点。如果分析显示，一个人工作卓越，但是在需要他人合作的时候屡遭失败，可能就是缺乏礼貌，也就是礼节的问题。

Peter F. Drucker，"Managing Oneself"，

Harvard Business Review，January 2005，p.102

行　动

观察一下你所在组织中绩效表现最好的那个人。他最明显的劣势是什么？找出你和他人身上诸如不懂礼节等这些比较容易弥补的劣势。

寻找突出的优势

～

有效的管理者从来不问："他能跟我合得来吗？"他们问的是："他贡献了什么？"他们从来不问："他不能做什么？"他们问的是："他能做些什么？"所以在用人时，他们用的都是在某一方面有所长的人，而不是在各方面都过得去的人。

——彼得·德鲁克,《卓有成效的管理者》

问　题

我是寻找在与任务相关的少数几个领域中表现非常突出的人呢，还是主要关注"他将来会跟我相处得如何"？

_____

_____

_____

_____

_____

行　动

　　找出某个人在哪方面做得出类拔萃，并且要问该优势与完成工作任务所需的优势是否匹配。不要试图寻找在各个方面均表现卓越的人。将注意力集中在工作任务而不是人际关系上。

职位要求要严格，职责涵盖要广

用人之长的第二个原则是职位要求要严格，职责涵盖要广。

工作岗位应该具有挑战性，以激发人们可能具备的所有长处；

职责应该涵盖较广的范围，以便所有与任务相关的

长处都能够产生确实的成果。

～

工作岗位唯有从开始就要求严格、范围够广，才能使人成长，在环境变化的时候仍然能够适应新的要求。

——彼得·德鲁克，《卓有成效的管理者》

问　题

对于那些在完成指定任务方面表现出真正优势的人，我是否提出了高标准的要求？

_____

_____

_____

行　动

首先确定每个人应该有能力做好的工作，然后要求他切实高效地去完成。向员工提出高标准的要求，推动他实现卓越。

让劣势变得无关紧要

在一个组织中，个人可以使优势变得卓有成效，

同时让劣势变得无关紧要。

～

我们可以设置一个组织，使人的弱点不致影响其工作和成就。换言之，我们可以把组织设置得有利于充分发挥员工的长处。

一位优秀的税务会计师，自行执业时可能因拙于待人而遇到挫折。但是在一个组织中，他可以自设一间办公室，不与其他人直接接触。

擅长与别人打交道的人很多，一流的税务会计师却是不可多得的。

——彼得·德鲁克，《卓有成效的管理者》

问　题

我怎样才能使组织中每个人的优势都得到充分发挥，使他们的缺点都变得无关紧要？

_____

_____

_____

行　动

　　找出员工的劣势，构建一种组织架构，能够将员工的集体优势最大化，同时避免组织受到任何严重劣势的影响。

_____

_____

_____

_____

_____

_____

_____

_____

_____

_____

因人设岗

⌒

　　因人设岗几乎肯定会导致组织中出现徇私偏袒和从众行为，这两者中的任何一个，都是组织承担不起的代价。组织内的人事决策必须公平、公正、客观。同时，组织需要保持多样性的人才队伍，否则将丧失改变的能力，也将难以得到正确的决策所需的不同意见。

　　　　　　　　　　　　　　——彼得·德鲁克，《卓有成效的管理者》

问　题

　　在补充组织岗位空缺的时候，我是否会努力追求人员的多样化？

　　我是怎么去做的？是建立在种族、肤色、宗教或者国籍的基础上呢，还是建立在实现卓越绩效所要求的多种多样优势的基础上呢？是建立在"他是不是最有可能出色完成任务的人选"这个问题的基础上吗？

_____

_____

_____

行　动

基于客观的任务设计岗位。在挑选人才时，除了员工完成岗位任务需要具备的个人优势之外，不考虑其他任何因素。

_____

_____

_____

_____

_____

_____

_____

_____

实现卓有成效人事决策的步骤

以下共有五个步骤，可以通过有效的人员决策使员工的优势富有生产力：

1. 仔细考量工作任务对候选人的关键要求；

2. 考察多位具备资格的候选人；

3. 研究候选人的过往绩效记录，以确定他们出色地完成过哪些工作；

4. 向候选人以前共事过的同事了解情况；

5. 确保被任命的人了解工作任务。

——彼得·德鲁克，《卓有成效的管理者》

问　题

在为空缺岗位挑选人员的时候，我是否遵循了系统的程序？在人事决策上，我的成功率有多少？

_____

_____

_____

行　动

按照上述五个步骤进行人员决策。如果你要违反这些步骤，一定要保证有充分的理由。

_____

_____

_____

_____

_____

_____

_____

_____

_____

仔细考量工作任务

岗位描述可能会在较长时期内保持不变，

但工作任务一直在变化，并且往往不可预测。

～

自拿破仑时代以来，师长的岗位描述就没有变过。但是师长的具体任务可能是训练新兵，也可能是指挥作战。

——彼得·德鲁克，《卓有成效的管理者》

问　题

在为空缺岗位选才的时候，我是经常选择符合**岗位一般性描述**的人，还是选择在完成具体任务上有突出优势的人？

_____

_____

_____

_____

行　动

对于拟定的补充空缺岗位的人员，你要仔细考虑他主要的工作任务。

_____

_____

_____

_____

_____

_____

_____

_____

考察多位具备资格的人选

根据在招聘启事、报纸广告中罗列的任职资格要求

对候选人进行筛选，只不过是个开始。它的作用是

淘汰那些不符合基本条件的人。

∽

最重要的是，人和工作任务相互匹配。要找到最合适的人，你至少
需要考察 3～5 名候选人。

——彼得·德鲁克，《卓有成效的管理者》

问 题

在我做人才选拔决策的过程中，候选人表面的任职资格（如简历中罗
列的信息）、符合岗位要求的程度、优势等，分别发挥了多大作用？

_____

_____

_____

_____

行　动

为每个岗位考察多个具备资格的候选人，确保所选的人员与工作任务互相匹配。

研究候选人的过往绩效记录

一个人做不了什么不太重要，你应当将注意力
集中在他们能做的事情上，并且确定这些
是否正是完成特定工作任务所需的优势。

∽

劣势只是个限制条件，就像招聘信息中罗列的资历，候选人如果不具备就会被排除。但是，绩效只能建立在个人优势的基础上。最为重要的是完成工作任务的能力。

——彼得·德鲁克，《卓有成效的管理者》

问　题

我是根据候选人的劣势排除他们呢，还是因为他们缺乏岗位所需的特定优势而将其淘汰呢？

_____

_____

_____

行 动

在补充岗位空缺的时候，将注意力集中在每位候选人能够出色完成的事情上。判断清楚，一位候选人能够做好的事情是否正是完成工作任务所需要的。

向候选人以前的同事了解情况

~

一个人的判断没有什么价值，征求更多人的意见，你就能够了解别人印象深刻而你自己并未注意到的优势。但是，你也可能发现此前自己忽视的缺点和局限性。与该候选人以前的老板和同事进行非正式的讨论，你通常可以获得最有价值的信息。

——彼得·德鲁克，《卓有成效的管理者》

问 题

在评估一位候选人过去的绩效时，我是否依赖于某个人的判断？我是否会同时与此人的老板和同事进行正式与非正式的讨论？我是否将个人的评价与组织中曾经面试过该候选人的其他人的评价进行了比较？

行　动

就一个候选人征询多方意见，这样你就能够了解别人印象深刻而你自己并未注意到的优势。你也可能发现此前被自己忽视的缺点和局限性。

确保被任命的人了解工作任务

在人事决策上，尽管这是最后一个步骤，却是最重要的一步。
如果你没有承担起这种责任，没能确保新任职的人了解他的
新工作，那么即使他最终失败了，也不要指责他。你应该
指责的是自己，因为你没能履行管理者的职责。

∽

……要做到这一点，有一个最好的方法，就是让新上任的员工仔细
思考，他们要获得成功需要做哪些事情，然后在入职 3 个月之后，让他
们做出书面承诺。

——彼得·德鲁克，《卓有成效的管理者》

问　题

我询问过新上任的人对工作任务了解吗？我让他做出书面承诺了吗？
如果他最终失败了，我会指责他吗？还是应该指责自己没能履行管理者
的职责？

行　动

要确保新上任的人了解他的新工作。

_____

_____

_____

_____

_____

_____

_____

_____

有效人事决策的五项基本原则

～

在制定人事决策方面，从没有完美无缺的记录。然而，那些慎重做出人事决策并努力做好的管理者，可能会逐步接近完美。除了前面的人事决策五个步骤之外，每位成功的管理者还会遵循下面的五项基本原则：

1. 管理者必须为任何人员安排的失败负责。

2. 管理者确实有责任撤换不称职的人。

3. 员工在某个岗位上表现不佳，并不意味着他就是糟糕的员工，也不意味着组织应该将其解雇。

4. 管理者必须尽力为每一个岗位做出正确的人事决策。

5. 最好把新人安排到成熟的岗位上，该岗位的预期是已知的，并且可以得到所需的帮助。

——彼得·德鲁克，《卓有成效的管理者》

问　题

上述五项原则中，你平常遵循了哪几项，忽视了哪几项？

_____

_____

_____

行　动

　　尽管无法做到完美，但在人事决策中仍然要追求完美。请尽量遵循这五项基本原则。

_____

_____

_____

_____

承担人员安排不当的责任

～

出现任何人员安排不当，管理者都应当承担责任。指责绩效欠佳的
人不过是推卸责任而已，管理者在选择此人时存在过错。

——彼得·德鲁克，《卓有成效的管理者》

问　题

如果我出现人员安排上的错误，会不会责备绩效欠佳的人？

_____

_____

_____

_____

_____

需要多久才能知道自己聘对了人

通常情况下，在一年之内（当然两年也可以）你就能够清楚地了解某个人是否取得了你想要的成果。如果你选错了人，也不需要过分自责。只需要记住，自己的错误要自己纠正。

Jack Welch，*Winning*，HarperBusiness，

HarperCollins Publisher，2005，p.95

行　动

如果你做出的人事决策遭遇了失败，要负起责任。

有责任撤换绩效不佳的员工

士兵有权利要求获得一名称职的指挥官。

∽

军队中有句俗语："士兵有权利要求获得一名称职的指挥官。"如果将不称职或者绩效表现糟糕的人留在某个工作岗位上，就是对所有其他人的惩罚，是对组织整体士气的打击。同样，允许绩效不佳的员工留在不适合自己的岗位，对他们本人也并非好事。他们对于自己的绩效水平也心知肚明。

——彼得·德鲁克，《卓有成效的管理者》

问　题

我所在的组织是否习惯于让绩效不佳的员工长期滞留在岗位上？这些绩效欠佳的人是否会影响那些有赖于其绩效的人员的积极性？

_____

_____

_____

行　动

确保绩效不佳的人员也了解到自己表现不佳的事实。采取行动调离这些绩效不佳的员工，帮助他们找到能够发挥其优势的工作岗位。

向他们提供帮助，对他们职业发展下一步该做的事情开诚布公地给出意见。

每个岗位都需要正确的人事决策

～

努力为每个岗位做出正确的人事决策。只有充分发挥员工个人的能力，组织才能实现卓越绩效，因此人事决策必须得当。没有不重要的工作岗位。

——彼得·德鲁克，《卓有成效的管理者》

问　题

我所在组织的绩效距离最佳水平有多远？有多少差距是组织的人事决策造成的？

_____

_____

_____

_____

_____

行　动

尽量对每个岗位做出正确的人事决策，这样才能提高组织的绩效水平。

第二次机会

∽

如果某个人在指定的工作岗位上表现欠佳，这并不意味着他是个糟糕的员工，组织应该让他走人。这只能说明工作岗位安排不当。

——彼得·德鲁克，《卓有成效的管理者》

问　题

对于那些更加适合其他工作岗位的员工，我所在的组织是否提供了第二次机会？如果是，这些人员在第二个岗位上成功的比例有多大？

如果有人在新的工作岗位上出现失误，组织应当提供机会让他们到其他工作岗位上，并维持原来的层级和薪酬标准……这次机会能够产生强大的影响，鼓励他们放弃安稳和舒适的工作岗位，去承担新的、有风险的工作任务。组织的绩效恰恰取决于员工去冒这类风险的意愿。

对决策进行系统的评估，也是一种自我发展的有力工具。将决策的实际成果与期望值进行对比，能够使管理者看到他们的优势、需要改进的地方以及知识和信息不足的地方，也能够让他们看到自己的认知偏差。

Peter F. Drucker，"What Makes an Effective Executive"，

Harvard Business Review，June 2004，p.61

先确定由谁做……然后确定做什么

如果你认识到需要调整人员，那就立即行动！

（推论：首先确保不要将人安排在错误的岗位上。）

Jim Collins，*Good to Great: Why Some Companies Make the Leap…and Others Don't*，HarperCollins，2001，p.63

……在被炒鱿鱼之后找工作

如果你被炒鱿鱼了，你的目标应该就是远离我常说的"挫败的旋涡"，在这个旋涡中你被无力和绝望所困扰。

Jack Welch，*Winning*，HarperBusiness，

HarperCollins Publisher，2005，p.273

行　动

对于绩效欠佳的人员，要考虑制定一项政策，将他们安排到组织其他的工作岗位上。但是，首先要对他们的优势和第二个岗位的要求进行细致的评估。对于工作岗位第二次调整的成功比例进行详细的记录。

将新人安排到成熟的岗位上

一旦出现新的重要工作，应当分配给行为和

习惯众所周知，而且既可信又可靠的人。

~

雇用外部人员填补空缺岗位这种做法的风险太高，超过 50% 的失败率显然毫不令人意外。

——彼得·德鲁克,《卓有成效的管理者》

问 题

在我所在的组织中，新的重要工作是否安排给了行为和习惯众所周知，既可信又可靠的人?

_____

_____

_____

_____

> 卓有成效的管理者会让最优秀的员工去开拓机遇，而不是去解决问题。
>
> Peter F. Drucker，"What Makes an Effective Executive"，
> *Harvard Business Review*，June 2004，p.62
>
> **先确定由谁做……然后确定做什么**
>
> 向最优秀的人员提供最大的机会，而不是处理最棘手的问题。
>
> Jim Collins，*Good to Great: Why Some Companies Make the Leap...and Others Don't*，HarperCollins，2001，p.63

行　动

考虑到重要的、新的工作安排会带来额外的风险，所以在可能的情况下，要尽量安排组织内部的人员来承担这些工作。

_____

_____

_____

_____

基于员工的优势进行绩效评估

做绩效评估，首先要列出员工在以往和当前岗位上被期望做出的贡献，然后将其实际表现与这些目标进行对比。

然后思考下列六个问题：

1. 他在哪些方面表现出色？

2. 因此，未来他可能在哪些方面表现出色？

3. 他需要获得或学习什么技能，才能最大限度地发挥长处？

4. 如果我有一个孩子，我会愿意让他在此人手下工作吗？

（1）如果愿意，原因是什么？

（2）如果不愿意，原因是什么？

——彼得·德鲁克，《卓有成效的管理者》

问　题

　　我所在组织的绩效评估流程是从评价员工的优势开始的吗？是否首先会评估一个人能够做什么？会从是否制约员工充分发挥长处的角度来对待员工的缺点吗？（因而在后续的对策中更关注如何让缺点不影响长处的发挥，而不是想方设法消灭员工的缺点。）

_____

_____

_____

_____

_____

_____

_____

_____

行　动

在评估绩效的时候，重点强调根据员工的个人优势确定绩效期望。明确员工要充分发挥其优势，必须学习什么。如果员工存在的不足阻碍了他充分发挥自身的优势，要向他们提出建议。

_____

_____

_____

_____

_____

_____

_____

_____

_____

品格和正直

~

　　下属（尤其是那些聪明伶俐、志向远大的年轻下属）往往会模仿强势上司的行为。因此，组织中没有什么比强势且腐败的上司更腐蚀人心、更具破坏性了。这种人自己单枪匹马做事情也许还可以，即使在组织内部，只要不给他管辖别人的权力，也可以容忍其存在。但如果让他在组织里当权，此人的破坏力将是巨大的。因此，管理者在这方面的缺点会造成重要影响，需要高度关注。

——彼得·德鲁克，《卓有成效的管理者》

问　题

　　在我所处的组织中，最高领导层是否容忍管理者缺乏品格和正直？

　　我是否认识到，仅凭品格和正直本身不能完成任何工作，但如果缺乏品格和正直，所有事情都会搞砸？

_____

_____

_____

品格的培养

关于培养管理者的问题，我们已经讨论了很多。我们主要讨论的是发挥人的优势，帮助他们积累经验。但是，品格的培养不能这样做。品格是由内因而非外因促成的。在当今时代，我认为教会、12步康复计划是品格发展的主要驱动力量。

Interview by Rich Karlgaard，"Peter Drucker on Leadership"，
Forbes.com，November 19，2004

品格特质

……要拓宽你对'适当人选'的界定，以便更加聚焦于人的品格特质，而不是专业知识。知识和技能是可以通过学习得到的，但是决定他是否适合组织的最根本的品格特质是不能习得的。

Jim Collins，*Good to Great: Why Some Companies Make the Leap...and Others Don't*，HarperCollins，2001，pp.216-217

○ 12步康复计划（12-step recovery programs），顾名思义，该计划认为实现康复必须遵循下述12个步骤：1. 承认能力有限；2. 相信某种更强大的力量能使人恢复安宁；3. 勇敢进行自我道德审视；4. 决定把自己的意志和生命交给更强大的力量；5. 坦诚向该力量以及他人承认错误；6. 虚心让该力量荡涤自己的所有缺点；7. 谦卑地祈求纠正自己的不足；8. 列出被自己伤害之人的名单，并愿意予以补偿；9. 除非补偿会进一步伤害这些人，否则尽可能给予直接补偿；10. 继续审视自我，出现错误时立刻承认；11. 通过祈祷和冥想来改善同更强大力量的意识联系；12. 通过前述步骤，我们的精神得以觉醒，将该信息传递给需要康复之人，并在所有事务中践行这些原则。——译者注

行　动

绝不要把缺乏品格和正直的人安排到领导职位上。

如何管理上司

～

　　每个人，或者说几乎每个人都有自己的上司。我们大多数人的上司都不止一个。负责某个团队的人力资源工作的专业人员至少有两位上司：批准他加入该团队的人力资源部门经理和这个团队的经理。大企业中某个事业部的财务主管也至少有两位上司：企业的首席财务官和事业部总经理。现在有一种趋势，知识工作者的上司越来越多，他们需要请示、接受评估和支持的人日益增多。上司不仅仅是支付薪水、负责提拔和人事安排的关键人物，同时也是保证知识工作者卓有成效的关键人物。无论知识工作者的表现多么出色，如果上司不给予支持，也无济于事，什么事情都做不成。下面是成功管理上司的七个关键要素。

——彼得·德鲁克，《卓有成效的管理者》

问　题

高绩效表现的上司对于我个人的工作成效和职业发展有多重要？我以前是否考虑过如何管理上司？

_____

_____

_____

_____

行　动

首要任务之一就是帮助你的上司尽可能地实现卓有成效。

_____

_____

_____

_____

上司名单

第一，整理出一份"上司名单"。拿出一张纸，写出一份人员名单，包括所有你需要对其负责的人、能够指导你或者你的下属的人、对你和你的工作进行评估的人，以及要想使你和你的下属的工作富有成效必须依靠的人等。每年或者在你的工作岗位和任务进行调整的时候对该名单进行一次修订。很可能一年左右，这个名单就会发生变化。

——彼得·德鲁克，《卓有成效的管理者》

问　题

关于我和我的绩效表现、工作、能力、任职资格等，谁有权发表意见而且有影响力？

_____

_____

_____

_____

行　动

整理一份上司名单，要始终牢记：最好多记录几位上司，随后可以删减，这总比漏掉某个人要好。

上司的支持

~

第二，向上司名单上的每个人寻求支持，同时给他们提供支持。询问每个人："我和我的下属做些什么，才能对你的工作产生帮助？我们做什么会妨碍到你，给你的工作造成困难？"

——彼得·德鲁克，《卓有成效的管理者》

问　题

我和我的下属做些什么，才能够对我上司名单上的人有帮助？我上司名单上的人做什么会妨碍到我，让我的工作更加难以开展？

_____

_____

_____

_____

行　动

检查一下你的上司名单。要清楚地知道，他们每个人做的哪些事情会妨碍你卓有成效地工作。让这些上司了解，他们做什么事情会妨碍到你，以及你做或者不做哪些事情会妨碍到他们。

_____

_____

_____

_____

_____

_____

_____

_____

帮助上司有所作为

管理上司的秘诀就在于帮助上司充分发挥长处。

～

第三，帮助你的上司有所作为。秘诀就在于，卓有成效的管理者会想方设法帮助上司充分发挥长处。他不会太担心上司不能做什么。

因此，卓有成效的管理者会问："我的上司在哪些方面能够真正表现出色？他取得了哪些成就？要发挥优势，他还需要知道些什么？为了让他有所作为，我需要做些什么？"

——彼得·德鲁克，《卓有成效的管理者》

问　题

　　我的上司是需要我每月提交一个报告，汇报我的部门的绩效表现、工作计划和存在的问题，还是在每次汇报工作、解决问题或者分析工作成果的时候，需要我去他的办公室当面汇报？我的上司喜欢书面报告还是口头汇报？上司想一大早了解情况，还是想在工作间隙或下班前了解情况？

行　动

　　不要试图改造你的上司。不要试图教育你的上司，从而让他遵循书本或商学院所谓的理想上司的模式。相反，要把你的每位上司都看作独一无二的个体。协助他们按照自己的独特风格开展工作、有所作为，是你的责任。你打算怎么做？

立足于上司的长处

管理者的任务就是让人们的长处充分发挥，

让缺点变得无关紧要。

~

第四，发挥上司的长处。管理者的任务就是让人们的长处充分发挥，让缺点变得无关紧要，这一点同样适用于管理者的上司与下属。

卓有成效的管理者能够认识到上司也是普通人，因此一定有长处，也一定有短处。立足于他们的长处，也就是使上司能够做自己擅长的事情，才能帮助他取得卓越绩效，同时也有助于管理者自身取得卓越绩效。如果总是强调上司的短处，就如同老是盯着下属的劣势一样，既令人沮丧又损害绩效。

——彼得·德鲁克，《卓有成效的管理者》

问 题

我的上司都有哪些优势和劣势？我如何帮助上司成功？要专注于上司的优势，使其劣势变得无关紧要，我需要调整哪些行为？

主动冒险的力量

调整你的工作，以使周围的人更好地工作，使你的上司显得更加聪明。不要按部就班，要勇于打破惯性。

Jack Welch，*Winning*，HarperBusiness，HarperCollins Publisher，2005，p.281

不要让你的上司为了支持你而动用他的政治资本。

Jack Welch，*Winning*，HarperBusiness，HarperCollins Publisher，2005，p.280

行　动

跟上司沟通，了解他的工作习惯。帮助他扬长避短。永远不要低估你的上司。

_____

_____

_____

_____

让上司了解情况

第五，让上司了解情况。我认为显而易见地，人要么是"阅读型"，要么是"倾听型"……

既是"阅读型"又是"倾听型"的人难得一见。通常法庭上的辩护律师必须做到这样。如果我们对一位"阅读型"的人侃侃而谈，可谓浪费时间。他们只在阅读以后才能听得进去他人讲话。同样，如果向一位"倾听型"的人提交厚厚的一叠报告，也是徒劳无益，因为他只能通过别人的口头表达领会其意图。

——彼得·德鲁克，《卓有成效的管理者》

问 题

我的上司是"阅读型"的人，还是"倾听型"的人？

要了解上司希望如何获取信息，有一种简单易行、万无一失的方法，就是去问："您希望以何种方式了解情况？"

行　动

根据上司的风格向其汇报情况。不要像心理学家那样去推测，直接去问他们喜欢的沟通方式。

杜绝意外

避免让上司感到意外是下属的职责。

～

第六，不要让上司感到意外。在一个组织中，不会有令人惊喜的意外。一个人在自己负责的组织中遭遇意外是一种耻辱，并且往往是一种公开的羞辱。因此，下属的工作就是确保上司不要感觉到任何意外。否则，上司就有充分的理由不再信任下属。

——彼得·德鲁克，《卓有成效的管理者》

问 题

在可能出现意外的时候，我的每位上司分别希望怎样得到警示？哪些上司在出现意外的可能性很小的情况下，也需要一份全面的报告？

行　动

仔细考虑如何向每位上司汇报情况。要记住，对不同的人应当采取不同的方式。

管理上司时常犯的错误

换了新上司，但继续用以前的方式汇报工作。

∼

第七，更换上司时常见的错误是管理者仍以先前的方式让新上司保持知情。这常常会引发灾难性的后果。新上司有可能会认为此人试图隐瞒事实，更有可能会认为此人十分愚蠢——顺便说一句，确实如此。如果换了上司，你就要改变自己沟通和汇报的方式。我再次重申，最好的办法就是直接问上司喜欢哪种方式。

——彼得·德鲁克，《卓有成效的管理者》

问　题

我是否在用同样的方式向不同的上司汇报工作？在更换上司时也是如此吗？

为什么我的上司像个笨蛋

一般说来，上司不会让自己喜欢、尊敬和需要的人感到可怕。你要仔细想想你自己的绩效表现。

Jack Welch，*Winning*，HarperBusiness，

HarperCollins Publisher，2005，p.302

行　动

当你的上司更换了以后，问问他们，你应该如何与他们沟通。

自我管理

～

　　普通的知识工作者会比其供职的组织的寿命更长。比如，连续存在超过 30 年的公司寥寥无几。但是，知识工作者的工作寿命可能超过 50 年。因此，有史以来会首次出现越来越多人的寿命长于他们所供职的组织。这也意味着一种全新的、前所未有的情况，即知识工作者现在有责任进行自我管理。过去没有人，或者说只有如莫扎特、爱因斯坦、爱迪生等少数成就非凡的人，梦想过拥有这样的自治权利和责任。

——彼得·德鲁克，《卓有成效的管理者》

问　题

　　我所拥有的知识资本使我成了一位资本家。我是否承担起了管理我自己的人力资本的责任？

_____

_____

_____

我有哪些优势

我们生活的时代充满了前所未有的机会。如果你拥有雄心和智慧，无论你的起点如何，你都可以成为自己所选择职业领域的顶尖人物。但是，与机会相伴的还有责任。今天的公司已经不再管理员工的职业发展。因此，知识工作者必须有效地成为自己个人的首席执行官。你要开拓自己的天地，明白何时调整方向，并且在可能长达 50 年的工作生涯期间坚持工作，富有生产力。为了出色地做好这些工作，你需要深刻地了解自己，不仅包括自己的优、劣势，而且包括你的学习方式、你与他人共事的方式、你的价值理念以及你可以做出最大贡献的方面等。因为只有从个人优势做起，你才能够真正实现卓越。

Peter F. Drucker，"Managing Oneself"，
Harvard Business Review，January 2005，p.100

行　动

主动承担起责任，积极地管理你的知识资本和职业生涯。

自我管理的步骤

～

自我管理需要你：

1. 明确自己的优势；

2. 认识自己的工作风格；

3. 确定如何做出最大的贡献；

4. 对工作关系负起责任；

5. 为下半生创造机会。

——彼得·德鲁克,《卓有成效的管理者》

～

明确自己的优势

～

　　卓有成效的管理者会努力做自己，而不是模仿他人。他会审视自己的绩效表现、自己的成果，并努力从中概括出自己的工作模式。他会问："哪一类工作别人做起来要费九牛二虎之力，我做起来却轻而易举？"

——彼得·德鲁克，《卓有成效的管理者》

问　题

　　我擅长做什么？我是如何确定自己擅长的领域的？

_____

_____

_____

_____

_____

我有哪些优势

从反馈分析中，我们可以得出若干对行动的启示。

第一，专注于你的优势。把自己投入到能够充分发挥长处的事情。

第二，不断增强你的优势。通过分析，你会迅速发现自己在哪些方面需要提高技能，或者学习新的技能。同样，这也可以体现出你知识上的差距，这些差距通常能够弥补。虽然说真正的数学家是天生的，但是人人都能学会几何学。

第三，找到你因为傲慢所造成的无知，然后努力克服它。为数众多的人，尤其是那些在某个领域具有丰富经验的人，会对其他领域的知识嗤之以鼻，或者认为聪明就可以替代知识……要努力学习技能和知识，从而充分发挥你的个人优势。

Peter F. Drucker，"Managing Oneself"，

Harvard Business Review，January 2005，p.102

我的价值理念是什么

不要试图改变自己——你不可能获得成功。但是，要努力改进你的工作方式。同时，不要试图承担你不能完成，或者不能很好地完成的工作。

Peter F. Drucker，"Managing Oneself"，

Harvard Business Review，January 2005，p.104

行　动

　　使用**反馈分析**来确定你的优势。记下你的每个重要决策以及重要的行动和你期望取得的成果。9～12 个月之后，将实际结果与预期进行对比。遵循这个程序一段时间之后，通过追踪那些实际结果符合或超出预期的决策和行动，你应该就可以确定自身的长处在哪里。

_____

_____

_____

_____

_____

_____

_____

_____

认识自己的工作风格

~

我们怎样达成成果通常不难明了。我们从小到大，总知道自己是在上午还是晚上最有精神。我们也同样知道，自己是适宜参加一个工作小组，还是一个人单独做事更出色。有些人在压力巨大的情况下工作效果最好，另一些人则习惯于在时间宽裕的环境下工作。有的人是"阅读型"，有的人是"倾听型"。自己的工作能力和习惯，自己最清楚。

——彼得·德鲁克，《卓有成效的管理者》

问 题

我的工作风格是怎样的？我是喜欢单独工作，还是与他人共事？我是喜欢程式化的工作，还是在不断变换的工作环境下更能得心应手？我能在高压情况下迅速成长吗？我的学习方式是什么？我是阅读型的人，还是倾听型的人，抑或两者兼而有之？

行　动

　　找出你的工作风格。弄清楚它的具体特征，并借助它来提高自身的工作成效。确保充分利用相关技术工具发挥你的工作风格的优势。

确定如何做出最大的贡献

有些管理者能够轻松愉快地撰写总结报告，而其他人则唯恐避之不及。然而与此同时，他可能会觉得通盘考虑报告、做出难以取舍的决策相当痛苦，甚至认为这样做毫无价值。换句话说，此人擅长整理并指出问题所在，是卓有成效的参谋型人才，但不适合担任发布命令、承担责任的决策者。

∽

卓有成效的管理者将包括自己在内的所有人都视为机会。他知道，只有优势才能产生成果。

——彼得·德鲁克，《卓有成效的管理者》

问　题

哪些工作能够发挥我自己的优势、符合我的工作风格以及我的价值理念体系？

_____

_____

_____

我如何才能实现卓越绩效

一个人要尽可能少浪费个人精力去提高自己能力不足的领域。从能力不足提高到中流水平，要比从一流水平提高到卓越水平耗费更多的精力和做更多的工作。尽管如此，大多数人，特别是……教师和……组织，他们专注于将能力不足的人培养成平庸的人。精力、资源和时间都应该用来把称职的人培养成业绩卓越的明星。

Peter F. Drucker，"Managing Oneself"，
Harvard Business Review，January 2005，p.102

我的价值理念是什么

如果某人在一个组织中工作，但是其价值理念无法让他接受，或者与他个人的价值理念不一致，那么这个人将会受到困扰且绩效表现低下。

与人一样，组织也是有价值理念的。要在组织中卓有成效，个人的价值理念必须与组织的价值理念相一致。当然，也无须完全相同，但是应当比较接近，以便能够同生共存。否则，此人不仅会感到困扰，而且也不会产生成果。

一个人的优势和工作方式很少发生冲突，两者相辅相成，但是有时候，一个人的价值理念会与他的优势发生冲突。他擅长做某些事情，非常出色和成功，但是可能与其价值理念不吻合。这样一来，这项工作可能就不值得他将一生的精力（或者说一生的

大部分精力）都倾注于此。

Peter F. Drucker，"Managing Oneself"，

Harvard Business Review，January 2005，pp.104-105

如果……那将是一个好的迹象

工作的"内容"让你兴奋不已，你喜欢这项工作，感觉有趣味、有意义，甚至能够触动你心灵深处某些最本源的东西。

Jack Welch，*Winning*，HarperBusiness，

HarperCollins Publisher，2005，p.257

如果……你就要小心

在工作中你需要伪装自己。

Jack Welch，*Winning*，HarperBusiness，

HarperCollins Publisher，2005，p.257

行　动

深入思考：你如何才能为组织做出合适的贡献。仔细考量自身面临的具体形势产生的要求，你可能做出的最大贡献，以及必须实现的成果。抓住适合你以及你的工作方式的机会。

对工作关系负起责任

组织建立在信任的基础上，而信任立足于沟通和相互理解。

因此，承担关系责任对现代知识工作者至关重要。

∽

工作关系取决于沟通。因为沟通是一种双向的交流过程，你应当让你的同事思考和确定他们自己的优势、工作风格和价值理念。这便是对工作关系负起责任了。

——彼得·德鲁克,《卓有成效的管理者》

问　题

我应当与谁分享我的工作计划和目标？我为什么要与他们分享？谁有赖于我分享信息？为什么？

_____

_____

_____

_____

对工作关系的责任

自我管理需要对工作关系负责,这包括两个方面。第一是接受一个事实,其他人跟你一样都是独立的个体。他们有着作为人的正常行为。这意味着他们有自己的优势、做事方式和价值理念。因此,要实现卓有成效,你必须了解同事的优势、工作模式和价值理念。

第二,要负起沟通的责任……大多数冲突源于人们不了解他人在做什么、怎么做,也不知道他们致力于做出什么贡献以及期望获得什么成果。

现在,组织不再建立在权力上,而是建立在信任的基础上。人与人之间产生信任并不一定意味着他们彼此喜欢,只意味着他们彼此互相理解。因此,对工作关系负责是绝对必要的,这是知识工作者的责任。

Peter F. Drucker,"Managing Oneself",
Harvard Business Review,January 2005,pp.107-108

管理下级

管理自己和下属的关系跟管理和上司的关系一样,都需要谨慎小心。

Jack Welch,*Winning*,HarperBusiness,
HarperCollins Publisher,2005,p.288

从"我们"的角度思考

卓有成效的管理者知道,他们肩负着最终的责任。这种责任既不能和他人一起承担，也不能委派给他人。但是，他们之所以拥有权威，是因为他们拥有组织的信任。这意味着，在考虑自身的需要和机会之前，他们先要考虑组织的需要和机会。

Peter F. Drucker，"What Makes an Effective Executive"，

Harvard Business Review，June 2004，p.63

行　动

对你的工作关系负责可以通过以下方式实现：

1. 依靠其他人的优势、工作风格和价值理念，来获得卓越的团队绩效；

2. 让其他人了解你的优势、工作风格和价值理念，以及他们可以期待你为组织做出的贡献；

3. 以他们能够理解和使用的方式向他们提供所需的信息。

为下半生创造机会

从身体条件上来说，知识工作者能够一直工作到老年，要比任何传统的退休年龄还要晚。但是他们面临一种新的风险：工作中精神寿命的终结。这就是通常所说的"职业枯竭"，可谓 40 岁出头的知识工作者最常见的苦恼，但是这很少是由于压力造成的。常见或者最普通不过的原因就是对工作的厌倦。

所以，自我管理要求你为自己的下半生做好准备。

——彼得·德鲁克,《卓有成效的管理者》

问 题

我已经开始为自己的下半生做准备了吗？我是否需要挑战自己，尝试做新的不同的事情呢？我是否在工作上已经取得了成功，从而觉得没有什么挑战了呢？我是否在为发挥领导力、获得成功和赢得尊重等寻找机会？为了给下半生做好准备，我现在能够做些什么？我是否因为自己已经取得的成功，而感受到了"回报"社会的需要？

人生下半场

知识工作者的寿命比组织更长，他们的流动性更强。因此，人对自我管理的需要正在创造人力资源管理上的一场革命。

Peter F. Drucker，"Managing Oneself"，

Harvard Business Review，January 2005，p.109

如何使人重新焕发活力

组织中的有些人，一般是 40 多岁的人，在意识到他们不能达到顶峰，或者发现自己并未达到……一流的时候，遇到了中年危机。这样的事情通常会发生在工程师、财务会计和技师身上，最糟糕的莫过于医生了……他们都会遭遇严重的中年危机。在通常情况下，他们会极其厌倦手头的工作。想象一下，长达 30 年的时间你都在看身上长皮疹的病人，该有多么乏味。当他们开始嗜酒时，便遇到了中年危机。你该如何帮助这些人呢？向他们提供一个新的、与当前工作平行的挑战。没有了挑战，他们很快就会沉湎于酒色。在男女同校的大学中，他们乱搞男女关系、胡吃海喝。哎呀，这两件事可是不矛盾的。鼓励他人勇敢地去面对中年危机，将他们的技能发挥在非营利领域中。

Interview by Rich Karlgaard，"Peter Drucker on Leadership"，

Forbes.com，November 19，2004

从成功到意义

接近中年的人有一个最常见的特点，就是有一种难以抑制的

欲望，想从追求成功变为追求意义。干了半辈子别人认为我们应该做的事，我们想在下半生做一些更有意义的事情——一些超越津贴和薪水，具有更高人生意义的事情。

Bob Buford，*Halftime*，Zondervan
Publishing House，1994，pp.83-84

追求人生的意义不需要做出 180 度转变，只需要进行一定的调整，以便运用自己的天赋，把更多时间用于符合心愿的事情。如此一来，你就会重获首次从事某事的兴奋感。

Bob Buford，*Halftime*，Zondervan
Publishing House，1994，p.89

行 动

考虑寻找一个能够满足你更大需要的第二职业，或者考虑进入一个你认同其价值的非营利组织，从事与以前相类似的工作。

考虑建立或者经营一个社会组织，来满足社会的需要。

列出你在工作之外的生涯中，或者在可能的第二职业中，希望实现的目标。

5

第 5 章

要事优先

THE EFFECTIVE EXECUTIVE
IN ACTION

引　言

　　卓有成效的秘密在于集中精力。你必须决定重要和首要事项。要做的事情太多，时间总是不够用，面对这一现实问题，卓有成效的管理者就是通过"要事优先"的方法来解决的。他们首先处理最重要的工作，然后处理其他任务。他们正是通过这种方法来解决大多数问题。

　　放弃不再具有生产力的工作有助于确定优先顺序，并且为完成优先事项留足时间。当你确定优先顺序的时候，你同样需要确定可以暂缓的事项，也就是说你可以延期或者放弃的工作任务。最后，要根据现实情况的变化，随时修正你的优先事项和推后事项。

　　坚持自己的决定是需要勇气的，因为你推迟去做的往往是别人优先考虑的事情。如果你屈从于压力来做这些决定，就可能会接受一些无关紧要的任务，致使错过重大机会或忽视最高管理工作。(《卓有成效的管理者》，第5章)

保持专注

保持专注十分有必要，因为管理者需要完成的工作太多了。

～

卓有成效如果有什么秘诀的话，那就是善于集中精力。卓有成效的管理者总是把重要的事情放在前面先做，而且一次只做好一件事。在有限时间内允许完成的工作中，总有一些成果和贡献更加重要。

管理者越重视为组织整体的成功做出重大贡献，就越需要投入"大块的"时间。管理者越是想从瞎忙转向追求成果、做出成绩，就越需要在每项重要的事务上投入大段的连续性时间，而不能浅尝辄止。与此类似，管理者越是想发挥自身的长处，就越会感觉到需要集中精力去抓住重大的机遇。这是取得成果的唯一途径。

一个人如何能够完成很多大事，而且是艰巨的大事，"秘诀"尽在其中：每次只集中精力干好一件事。结果是，他们所用的时间总比别人少得多。有些人一事无成，但实际上他们却做得很吃力。

卓有成效的管理者不会疲于奔命。他们步履轻松，但一直稳步前进。有效的管理者知道他们必须完成许多工作，但他们在一段时间内只集中精力做好一件事——集中他们本人的时间和精力，以及整个组织的时间和精力。他们坚持把重要的事情放在前面先做，而且每次只做好一件事。

要集中精力，就要有足够的勇气，按照自己对于真正重要的、优先的事情的判断来安排时间和工作。只有这样，管理者才能成为时间和任务的主人，而不会成为它们的"奴隶"。

——彼得·德鲁克，《卓有成效的管理者》

问　题

我会试图同时完成多项工作任务吗？还是每次只专注去做一件事情，根据优先顺序积极而不是狂热地予以推进？

_____

_____

_____

_____

　　……韦尔奇在决定今后五年将自己的精力集中于哪个方向之前，会对另外一件事情深思熟虑。他会问自己，在清单上最重要的两三件事中，自己最适合做哪一件。然后，他就专注去做这件事，将其他事情分配给别人。卓有成效的管理者努力专注去做自己擅长的事情。他们深知，只有最高管理层卓有成效，企业才能取得卓越绩效。否则，组织将一事无成。

Peter F. Drucker，"What Makes an Effective Executive"，
Harvard Business Review，June 2004，p.59

拿破仑曾宣称，获胜的战役都没有按照原计划发生。尽管如此，他依然会部署好每次战役，比他之前的任何将军都要仔细。如果没有行动计划，管理者就会成为事件的奴隶。同时，如果没有随着事件的发展而对计划进行检查和评估，管理者就无法知道哪些事件真正重要，哪些事件只是噪声。

Peter F. Drucker，"What Makes an Effective Executive"，

Harvard Business Review，June 2004，p.61

行　动

每次专注去做一件事情，坚持要事优先。

勇于舍弃

管理者保持专注的第一条法则就是，与那些当下

不再具有生产力的过去一刀两断。

∽

"有组织地放弃"，要求定期对每一种产品、服务、流程、市场、分销渠道、客户，以及每种最终用途进行严格的考察和评估。

——彼得·德鲁克，《卓有成效的管理者》

问　题

（基于组织现有的产品、服务）问自己：假如组织没有这些产品、服务的业务，根据对当前现实的了解和分析，我们会不会仍然愿意投入资源开展这些业务？

_____

_____

_____

_____

创造性地放弃

对领导者而言，一个关键的问题是："对于那些已经达成目标的工作，你何时会停止投入资源？"最危险的陷阱莫过于接近成功的业务。人人都说只要再加把劲儿，这项业务就会一飞冲天。但人们尝试了一次又一次仍没有成功。到这个时候事情已经非常明显，这项业务将难以成功。

Interview by Rich Karlgaard，"Peter Drucker on Leadership"，
Forbes.com，November 19，2004

自制的文化

"放弃的事项"清单比"要做的事项"清单更重要。

Jim Collins，*Good to Great: Why Some Companies Make the Leap...and Others Don't*，HarperCollins，2001，p.143

数一数二

德鲁克提出的两个尖锐问题，让我们形成了清晰的"数一数二"战略：假如当初没有开展这项业务，今天你还会进入这个行业吗？如果答案是否定的，那么接下来你打算怎么做？

Jack Welch，*Straight from the Gut*，
Warner Books，Inc.，2001，p.108

行　动

切实推进"有组织地放弃"。对于上述德鲁克提出的第一个问题，如果你的答案也是否定的，那就采取行动进行变革或放弃该业务。

_____

_____

_____

_____

_____

_____

_____

_____

何时放弃总是正确的

至少有三种情况，放弃总是正确的选择。第一种情况是，产品、服务、市场或者流程尚能沿用几年，但是注定要遭到淘汰。第二种情况是，那些不再创造价值的资产，即使它不产生任何使用成本；第三种也是最重要的情况是，由于维持没落的老产品、服务或市场，导致新产品、服务或市场的成长受阻。

——彼得·德鲁克,《卓有成效的管理者》

问　题

你所在组织中的哪些产品、流程或者服务已经明显没落了？哪些资产不能再产生效益了？什么妨碍了新产品或服务的成长？

_____

_____

_____

_____

行　动

要放弃那些不能实现预期目标的产品、流程、服务或者市场。要考虑建立一种正式的放弃流程，例如下面将要介绍的流程。

放弃的流程

～

　　有一家具有相当规模的公司，向大多数发达国家提供外包服务，每个月的第一个周一上午，从高管到各部门主管，各级管理人员都专门召开以放弃为主题的会议。每次会议都讨论业务的某个部分，比如某个月的第一个周一上午讨论某种服务，随后一个月第一个周一的上午则讨论公司业务所在的地区，第三个月则讨论某种服务的开展方式，等等。在一年之内，公司通过这种方式进行了包括人事政策等在内的全面自查。在一年里，公司可能会做出三四项重大决策，涉及公司的"服务内容"，也许还会做出两倍于此的涉及调整"如何服务"的决策。通过这样的会议，公司每年同样会出台 3～5 项新的举措。这些事关改变的决策——无论是放弃某项业务，还是放弃做事的方式或者是否要开展某项新的业务，每月都会报告给所有管理层成员。各级管理人员每年报告两次在上述会议之后他们实际所做的事情、采取了哪些行动、取得了哪些成果等。

——彼得·德鲁克,《21 世纪的管理挑战》

问　题

我所在的组织放弃了不再产生贡献的事情吗？

_____

_____

_____

_____

行　动

采取必要的措施，在组织中制定或者推荐一种正式的放弃流程。

_____

_____

_____

_____

专注于少数几件事

这件事现在还值得做吗？

~

一位希望自己有效，也希望其组织有效的管理者，必然会自我检视一切方案、活动和任务。他会问："这件事现在还有继续做的价值吗？"如果答案是否定的，他会立即放弃，把精力集中在少数对自身和组织绩效产生重大影响的任务上。

——彼得·德鲁克，《卓有成效的管理者》

问　题

我所在的组织中，真正的价值创造点在什么地方？我是否专注于那些一旦做好就能够为组织增加价值，并且对成果有贡献的业务？

你的后院也许正是别人的前院

彼得·德鲁克因为这一点受到了人们的追捧，我们也要身体力行。

你不用自己开一家复印店，让印刷公司去干吧。明确你真正实现增值的地方，并把最优秀的人才和资源都投入进去。

顾名思义，后院就是永远不能占用组织最好的资源的地方。

Jack Welch, *Straight from the Gut*,
Warner Books, Inc., 2001, p.397

我们接受了彼得·德鲁克的建议，把通用电气位于美国的"后院"搬到了位于印度的"前院"（front room）。

Jack Welch, *Straight from the Gut*,
Warner Books, Inc., 2001, p.314

行　动

在你开始一项新活动之前，请舍弃一项旧的活动。放弃旧有的东西，为新事物腾出空间来，这样能够激发创造性。

优先事项与推后事项

∿

相比于可用的有限时间，总有几乎无限的值得做的事情；相比于组织拥有的有限人才，总有几乎无限的机会。

——彼得·德鲁克，《卓有成效的管理者》

问　题

我是否忙于处理各种紧急事件不能自拔？我是否更加关注那些问题不断的业务并在此过程中忽视了真正重要的业务？

_____

_____

_____

_____

_____

检查你的绩效

卓有成效的领导者会检查自己的绩效。他们会写下："如果我接受这项任务，我希望实现什么成绩？"他们会按照目标努力半年，然后回过头来对照目标检查自己的绩效。通过这种方法，他们能够找出自己擅长做什么、不擅长做什么。通过这种方式，他们也会发现自己是否选择了真正重要的事情去做。我曾经见过许多非常善于执行的人，但他们在选择重要事情方面表现得很差。他们选择把不重要的事情做得出奇的好。他们的个人档案中，完成的次要工作多得惊人。

Interview by Rich Karlgaard，"Peter Drucker on Leadership"，

Forbes.com，November 19，2004

做组织的囚徒

如果你是首席执行官，你便是组织的囚徒。只要你在办公室，所有人都会进来，有各种需要，即使你关上门也无济于事，他们会强行进来。所以，你必须离开办公室，不过，并不是去旅行，而是回家或者在其他地方找个秘密的办公室。当你只身一人坐在私密的办公室里时，你要问问自己"需要做什么事情"。应该确定优先事项，并且不要超过两项。我从未见过能够同时做三件事情而且做得很好的人。每次只做一到两件事情就行了。当然，对于大多数人来说能做两件更好。因为他们往往需要适当变换节奏。一旦你完成了两件工作，或者说到了再做也没有效果的时候，不

妨重新梳理一下工作优先顺序的清单。不要直接做原来清单上的
第三件事情，因为此时原来的清单已经过时了。

Interview by Rich Karlgaard,"Peter Drucker on Leadership",

Forbes.com，November 19，2004

行　动

确定哪些工作需要优先去做，哪些可以推迟。

_____

_____

_____

_____

_____

_____

推迟最高管理工作

压力往往迫使管理者处理组织内部事务。

∽

如果确定优先事项时屈从于压力，那么可以预测到的一个后果就是最高管理工作完全无法开展。最高管理工作永远都是可以推迟的工作，因为它不是试图解决以往的错误决策造成的危机，而是旨在创造不同的未来。

压力总是偏爱机构内部的事务，偏爱已经发生的事情而忽视未来，总是喜欢危机而忽视机遇，总是倾向于急功近利而对真正的现实世界视而不见，总是看重紧急事务而对关系重大的事务反应木然。

——彼得·德鲁克，《卓有成效的管理者》

问　题

我所在的组织，过去已经发生的事情总是产生很大的压力吗？高管层关注组织外部，还是为内部的事务所累？

_____

_____

_____

行　动

要在关注当下和未来的机遇之间寻找平衡。要持续聚焦于本职岗位所应当去做的工作。

确定延迟事项

很多管理者不能做到集中精力于某项工作，其主要困难在于他们确定不了哪些事情可以缓一缓，也就是确定哪些事情可以暂时不去做，并且把这一决定坚持到底。

许多管理者都知道，所谓"暂行缓办"，实际就是"永远不办"。他们很清楚，最不可取的做法莫过于在某个项目刚提出时将之推迟，日后再着手恢复开展该项目。

——彼得·德鲁克，《卓有成效的管理者》

问　题

我经常放弃被推迟的项目吗？

我是否努力去做所有的工作，结果每件事都只做了一点儿，没有一件事情彻底完成？我是否觉得难以确定应该推迟的项目？

使命驱动

领导者习惯于某种沟通方式，周围的人都明白他们想做什么。他们是目标驱动的，没错，也就是使命驱动的。他们明白如何确定一个使命。另外，他们知道如何说"不"。如果要领导者同时去做 984 件事情，那简直让人无法接受。因此，卓有成效的管理者学会了如何说"不"，并且能够坚持下去。这样他们才不会被无穷无尽的任务淹没。有太多的领导者试图同时做 25 件事，而每件都只做了一点点，最终什么都没有做成。他们非常受欢迎，因为他们总是说"行"。而实际上，他们什么事情都没有做成。

Interview by Rich Karlgaard，"Peter Drucker on Leadership"，

Forbes.com，November 19，2004

行 动

避免出现"做所有的工作，而每项工作都只做了一点儿"的倾向。专注去做需要最优先完成的工作。

确定优先次序的原则

目标要高远，瞄准能够带来变化的事务……

∽

确定优先次序时，真正重要的是勇气而不是分析。

- 面向未来而不是过去；

- 着眼于机会而不是问题；

- 选择自己的方向而不是随大流；

- 目标要高远，瞄准能够带来变化的事务而不是"安全的"、容易做的事务。

——彼得·德鲁克，《卓有成效的管理者》

问　题

在确定优先次序的时候，我是否专注于机会而不是问题呢？我是确定远大的目标，还是追求"保险"？

专注于机会

优秀的管理者专注于机会而不是问题。无论多么需要去解决问题，解决问题本身都不能产生成果，而只能避免损失。但是，发掘机会则能够产生成果。

Peter F. Drucker，"What Makes an Effective Executive"，
Harvard Business Review，June 2004，p.62

行　动

要积极地发掘机会。结合现实情况去修订你的优先次序和延迟清单。要确定远大的目标。

6

第 6 章

有效的决策

THE EFFECTIVE EXECUTIVE
IN ACTION

引　言

　　做决策是管理者从事的一种特别的活动。有效的决策遵循一套严格的程序，并且具有某些鲜明特征。

　　决策的第一步就是确定决策是否有必要。一旦确定决策是有必要的，第二步就是对其进行分类。到底是一般性决策还是特殊性决策？前者追求一般性的解决方案，而后者则寻求特殊的解决办法。有很多问题组织之前早已遇到过，你可以找找当时的解决方案并适当借鉴。

　　充分地理解问题所在非常重要。也就是说，要确保你对问题的界定可以囊括所有显现出的症状。接下来，你需要确定问题的解决方案必须符合什么样的标准。这就自然地回答了下面的问题："该问题的正确解决方案（满足所有边界条件的方案）是什么？"

　　如果需要妥协，你应该确保是为了解决问题而做某些妥协，即符合良性妥协的特征。然后，你要将决策转化为行动，并决定谁采取何种行动，谁对决策的结果负责。最后，你必须跟进，确定决策是否产生了期望的成果。

　　做出正确的决策，需要勇气和分析能力兼备。你应该从征求那些了解该问题之人的意见开始，并让提供意见的人摆出必要的事实来证明自己的观点，据此对他们提供的意见进行检验。为了制定有效的决策，你需要在持有不同意见的人当中有组织地讨论分歧。这样，你将会更充分地了解决策的各个维度，并且，一旦在评估每种方案的收益与风险后选择了某种方案，你自然而然就会知道谁最有可能准确无误地执行该项决策。（《卓有成效的管理者》，第 6 章和第 7 章）

制定决策

制定决策是特有的管理任务。

～

　　优秀的决策者明白，决策有其流程和明确的要素及步骤。每个决策都存在风险：这是用现有资源向一个不确定和不可知的未来做出的承诺。如果忽略了这个流程中的任何一个要素，最终的决策就会像地震中的劣质建筑一样轰然倒塌。如果严格遵循这个流程，并且采取必要的措施，风险就会降到最低限度，决策取得成功的把握就会很大。

　　做决策只是管理者要做的诸多工作之一，通常只会占用他一小部分时间，但是，做决策是管理者从事的一项特殊工作。

——彼得·德鲁克,《卓有成效的管理者》

问　题

　　在做出管理决策的时候，我是否遵循了一套系统的流程，还是仅仅相信直觉？

———————————————————————————

———————————————————————————

———————————————————————————

———————————————————————————

———————————————————————————

———————————————————————————

———————————————————————————

———————————————————————————

行　动

遵循本章提出的有效决策的六大要素。

~

是否有必要制定决策

　　做一项决策像做一次外科手术。由于是对一个系统的外来干预，所以往往会伴随休克的风险。外科医师不到非动手术不可的时候绝不轻易开刀；同样地，不到非做决策的时候，也不宜轻易做出决策。每一位决策人也正像外科医师一样，各有不同的性格。有的倾向于激进，有的则偏于保守。但是，尽管性格不同，他们应当遵守的原则却是统一的。什么时候需要决策？如果继续墨守成规，情况就会恶化，那就必须做出新的决策。遇有新的机会来临，而且这个新的机会至关重要、稍纵即逝，也必须立刻做出新的决策。

　　　　　　　　　　　　——彼得·德鲁克，《卓有成效的管理者》

问　题

　　当我所面临的形势迅速恶化的时候，或者当某个重要机会可能稍纵即逝的时候，我是否会快速采取行动？

行　动

不要做没有必要的决策。但是当形势迅速恶化，或者一旦拖延重要的机会可能要失之交臂的时候，你一定要勇敢地行动起来。

有效决策的要素

～

管理者在做决策的过程中要尽可能遵循以下六个有效决策的要素，将风险降至最低：

- 对问题加以分类；

- 准确界定问题；

- 明确决策的边界条件；

- 判断什么是正确的；

- 把行动纳入决策；

- 根据实际成果检验决策。

——彼得·德鲁克，《卓有成效的管理者》

问　题

目前你在制定决策时遵循了什么程序？

_____

_____

_____

行　动

牢记上述六个要素，并且将其应用于你所面临的每个复杂决策。

_____

_____

_____

_____

_____

_____

_____

_____

_____

对问题加以分类

这是个经常性问题，还是偶然的例外？

～

　　卓有成效的决策者首先需要思考："这是个一再发生的经常性问题，还是偶然的例外？""它是导致问题一再发生的原因吗，还是只是个偶然事件？"经常性问题需要制定一套规则或原则来应对。偶然事件可以按情况个别处理。除了真正的偶然事件，其他问题都需要一套一般性的解决方案，也就是一套规则、政策或原则。

——彼得·德鲁克,《卓有成效的管理者》

问　题

　　对组织或行业而言，当前我面临的是一个经常性问题吗？这是一个独特事件还是某种新问题的初期表现？我把它归类为经常性问题或特殊事件的理由是什么？

_____

_____

_____

行　动

以你的组织正在面临的一种重复出现的危机为例。找到出现危机的原因，建立某种一般原则，以便未来此类问题再次出现的时候能够得到解决。

_____

_____

_____

_____

_____

_____

_____

_____

准确界定问题

下一个重要的要素就是界定问题。对于有效决策而言，这可能是最为重要的一项要素。

卓有成效的决策者已经学会，首先要根据初步的消息对问题做出假设，但这个假设十有八九不是真正的问题。接下来他们会开展工作，直到搞清楚真正的问题所在。

卓有成效的决策者会问：

- 情况到底如何？

- 有哪些相关事宜？

- 这种情况下的关键因素是什么？

——彼得·德鲁克，《卓有成效的管理者》

问　题

我过去是否出现过选对了问题却找错了答案的情况？或者，选错了问题，但是答案是对的？对我来说，上述两种情况哪一种更容易判断和纠正？

_____

_____

行　动

选择一个你目前面临的问题。确保你对问题的界定能够解释和囊括所有可以观察到的事实或者现象。

请记住：除非你对问题的界定能够解释所有能够观察到的事实，否则要么对问题的界定不完整，要么是错误的。与错误问题的正确答案相比，正确问题的错误答案总是很容易判断和纠正。

_____

_____

_____

_____

_____

_____

_____

明确决策的边界条件

卓有成效的人明白，一项决策如果不能满足

边界条件，就是无效和欠妥的。

～

有效决策的第三个要素是具体说明决策必须达成的目标。决策必须达成的最低目标是什么？问题解决后必须满足的最低要求是什么？有效的管理者明白，一项不符合边界条件的决策，肯定是无效和不适当的决策。

——彼得·德鲁克，《卓有成效的管理者》

问　题

我最近是否做过错误的决策？决策需要满足的边界条件有哪些？我事先知道该决策将无法实现预期目标吗？

_____

_____

_____

_____

行　动

考虑一下你目前正在做的一项决策。这一决策需要满足哪些条件？把这个决策的边界条件清晰地描述出来。

判断什么是正确的

∽

做决策的人，应该从"什么是正确的"而非"什么是可接受的"开始，更不应该从"谁是正确的"开始。人总有采取折中办法的倾向，如果我们不知道符合规范及边界条件的"正确"决策是什么，就无法辨别正确的折中和错误的折中之间的区别，最终就有可能选择错误的折中。

——彼得·德鲁克，《卓有成效的管理者》

问 题

对于我正在考虑的决策，什么是正确的？

_____

_____

_____

_____

询问"对于我现在所做的决策，什么是正确的"并不能保证做出正确的决策。再聪明的管理者也是人，也会出现错误和偏见。但是，如果不能提出这个问题，绝对会做出错误的决策。

管理者也知道，一个对企业而言不正确的决策，最终也不利于任何利益相关方。这种实践对于家族企业中的管理者尤为重要，特别是在关乎人的决策中。在成功的家族企业中（所有国家的绝大多数企业都是家族式的），一位亲戚只有比同层级的其他非亲戚员工胜出一筹，才能得到提拔。

Peter F. Drucker，"What Makes an Effective Executive"，

Harvard Business Review，June 2004，p.60

（上述两段的顺序与《哈佛商业评论》中相反。）

行　动

在你目前所处的情境下，着手采取措施，让你所考虑的决策实现正确结果。

正确的折中

半片面包总比没有面包好。

～

所谓"折中"，实际上有两种。第一种"折中"，即俗语所谓"半片面包总比没有面包好"。第二种"折中"，则可用古代所罗门王审判两位妇人争夺婴儿的故事⊖来说明："半个婴儿比失去婴儿更糟糕。"第一种"折中"仍能符合边界条件，因为面包本是为了充饥，半片面包仍然是面包。但是第二种"折中"完全不符合边界条件了：婴儿是一条生命，半个婴儿就没有生命可言，只是半个尸体。

——彼得·德鲁克，《卓有成效的管理者》

⊖　有一天，两个女人来到所罗门王面前，要求他给予公正的评断。两个母亲都坚持说婴儿是自己的。起因是两位母亲同住一个屋檐下，各有一个婴儿，其中一位母亲因睡觉翻身不注意，压死了自己的婴儿，于是偷偷换走另一个婴儿。所罗门王见两位母亲僵持不下，于是想出一个办法。他拿出一把剑说，既然两位母亲都坚持婴儿是自己的，为公平起见，就将婴儿分成两半。其中一位母亲立刻大喊，请国王住手，这样会杀死婴儿，另一个却说国王的判决是公平的。这时阻止国王的那位母亲边哭边说，愿意把孩子让给别人，这样总比孩子被杀死好。——译者注

问 题

对我当前面临的决策而言，什么折中是可以接受的？

_____

_____

_____

_____

行 动

如果必须折中的话，务必做出正确的折中，即至少能够满足部分边界条件。

_____

_____

_____

_____

把行动纳入决策

除非决策已经"落实为工作"，否则就不是决策，

至多不过是美好的愿望。

～

把决策落实为行动是有效决策的第五个要素。考虑边界条件，是决策过程中最难的一步；化决策为行动，则是最费时的一步。然而，从决策之初，我们就应该将行动的承诺纳入决策，否则便是纸上谈兵。事实上，一项决策如果没有列举一条一条的行动步骤，并指派为某人的工作和责任，那便不能算是一项决策，最多只是美好的愿望而已。

——彼得·德鲁克，《卓有成效的管理者》

问 题

我最近是否有过这样的经历，即因为没有将正确的决策转化为行动而遭遇失败？我忽略了哪些步骤？

_____

_____

_____

行　动

把你刚刚制定（或即将制定）的一项决策转化为行动。具体来说，要回答以下四个问题：

- 哪些人需要了解这一决策？

- 需要采取什么行动？

- 谁来采取行动？

- 行动计划应该是什么样的，以便相关人员能够具体执行？

_____

_____

_____

_____

_____

_____

_____

根据实际成果检验决策

~

决策的最后一个要素，是在决策中建立一项信息反馈制度，以便经常对决策所预期的成果做实际的印证。即使最好的决策也很有可能出现错误，即使最有效的决策最终也必然会过时。决策者需要组织好的信息作为反馈，需要报告和数据。但如果要让反馈立足于直接接触的现实，那么决策者唯有主动走出办公室并亲自留心察看，否则就会陷入教条主义的窠臼，必然毫无成效。

——彼得·德鲁克，《卓有成效的管理者》

问　题

我是否完全依赖有关决策效果的正式报告？我是否会定期走出办公室去获得有关决策成果的一手信息？

_____

_____

_____

对决策负责

除非确定了下列事项，否则就不算做出了决策。

- 决策执行者的姓名；

- 任务完成的最后期限；

- 因为会受到这项决策的影响，所以必须了解、赞成（至少不强烈反对）本项决策的人员的名单；

- 即使不直接受到这项决策的影响，但必须让他们随时了解决策情况的人员的名单。

由于未满足上述基本条件，组织中的大量决策都遭遇了困境。需要定期对决策进行评估，这跟在初期谨慎地做出决策一样重要。这样，一项糟糕的决策就能够得到纠正，而不至于实际造成损失。这些评估可以涵盖从决策假设到实际成果等各个方面。

Peter F. Drucker，"What Makes an Effective Executive"，
Harvard Business Review，January 2004，p.61

直面残酷的现实

剖析问题，不要指责。

Jim Collins，*Good to Great: Why Some Companies Make the Leap...and Others Don't*，HarperCollins，2001，p.88

行　动

不要让自己与现实脱节，以免在某些做法已经不再合适甚或不再合理的时候，还一直坚持去做，最终导致失败。获取决策成果的反馈能够帮助我们在工作中不断学习。将这种反馈与你当初做出决策时所抱有的期望进行比较。

有效的决策

～

决策是一种判断，是若干个方案中的选择。所谓选择，很少是正确与错误之间的选择，充其量是在"几乎正确"与"可能错误"之间选择——更常见的情况是在两个行动方案之间选择，其中任何一个方案都未必会优于另一个。

做出过有效决策的管理者都知道，决策并非始于事实，而是始于自己的观点。当然，这些观点都是些未经检验的假设，除非能禁得起事实的检验，否则就毫无价值。

正确的决策源于对现实情况的深刻理解，对现实的深刻理解则源于不同观点的相互碰撞、对多种方案的慎重考察。先搜集事实是不可能的。（每个人都会找到能证实已有观点的"事件"。）除非建立了与决策相关的明确、有效的标准，否则就没有真正的事实。事件本身并非事实。

——彼得·德鲁克，《卓有成效的管理者》

问　题

在做决策的时候，我会像大多人那样从搜集所谓的事实开始，还是会从澄清我潜在的观点开始？

_____

_____

_____

_____

_____

_____

_____

_____

行　动

要认识到，决策的本质是做出判断。如果缺乏相关的明确标准，也就是说如果没有明确界定的问题，就没有事实可言。

从未经检验的假设开始

∽

唯一严谨的方法……可以使我们能够根据事实检验一种观点的方法，在于首先意识到并且承认，观点先于事实。这样，人们就会清晰地认识到，我们是以"尚待检验的假设"为起点的——无论是在决策还是在科学研究中，这都是唯一的起点。我们都知道如何处理假设：不需要围绕假设进行争论，只需要基于可观察到的现实进行检验。我们会发现哪些假设站得住脚，因此值得认真考虑；哪些假设禁不起检验，必须放弃。

有效的管理者鼓励大家提出观点。但在鼓励的同时，他也会叫大家深思其观点，认清其观点经过事实验证后的结果。

——彼得·德鲁克，《卓有成效的管理者》

问　题

我有没有把制定决策看作一个检验假设的过程，就像科学研究一样？还是把决策看作为不同的方案搜集"事实"的过程？

_____

_____

行　动

把决策过程视为对假设进行检验的过程：它需要一套相关标准和观点，并且这些观点必须能够根据可观察的事实加以检验。

观点而非事实

卓有成效的管理者会问："要检验该假设的有效性，

我们必须知道些什么？该观点要想站得住脚，需要哪些事实？"

∽

管理者（他本人及其同事）应培养出一种习惯，即慎重思考并阐明需要观察、研究、检验的观点。他会坚持要求，提出观点的人要负责厘清根据这一观点有望发现的、应该寻找的事实是什么。

——彼得·德鲁克，《卓有成效的管理者》

问　题

我当前正在做的决策中，有哪些观点必须用事实检验，才能成为站得住脚的假设？

_____

_____

_____

_____

行　动

可以拿一个目前你正在做的决策来练习。向掌握该决策领域相关知识的人征求他们对决策的观点。需要哪些事实来支持他们的观点？让那些提出某种观点的人用事实检验它们，或者你亲自检验。

_____

_____

_____

_____

_____

_____

_____

_____

鼓励不同的意见

管理者的决策不应该是在全体欢呼中做出的。

～

除非考虑过替代方案，否则就容易偏颇。这也正解释了为什么有效的决策者有意"制造"互相冲突的不同意见，而不是寻求"意见的一致"。换句话说，管理者的决策不应该是在全体欢呼中做出的。好的决策，应以互相冲突的意见为基础，从不同的观点和不同的判断中选择。所以，除非有不同意见，否则就不做决策。这是决策的首要原则。

——彼得·德鲁克,《卓有成效的管理者》

问　题

我是如何为必须做出的决策开发出不同可选方案的？组织中有人会因为我的决策而受益或受损，我是否受到他们的过度影响？在决策过程中，我是否激发了各利益相关方的想象力以得到更好的方案？

_____

_____

_____

先决定由谁做……再决定做什么

在那些成功从优秀迈向卓越的组织中，管理团队成员在决策过程中会激烈辩论以寻找最佳方案，在决策之后，他们会放弃狭隘的个人利益，团结一心。

Jim Collins，*Good to Great: Why Some Companies Make the Leap...and Others Don't*，HarperCollins，2001，p.63

行　动

制定一套程序，便于有组织地向同事征求他们对于决策方案的不同意见。鼓励发表不同观点，使你在若干决策被证明存在缺陷或错误时不至于无所适从。

拍板抉择

〜

有效的管理者会做比较：做了新决策，可能有什么收获和风险；不做又可能有什么损失。至于如何比较，通常没有一定的公式。但是，实际上只要遵循下面的两项原则就够了：如果收益远高于成本和风险，那么就立刻采取行动；要么行动要么按兵不动，绝不要回避决策或折中妥协。

——彼得·德鲁克，《卓有成效的管理者》

问　题

如果发现决策可能不受人欢迎，我是否倾向于回避决策？

_____

_____

_____

_____

行　动

如果你不确定自己是否理解决策的各个方面，就不要急于决策。但如果程序得到了严格遵守，且决策方案已准备就绪，那就要拍板——要么行动要么不行动，绝不要回避做出决定（例如要求进一步研究）。

结论

管理者必须学会卓有成效

促进现代社会有效运转的最大希望

管理者必须学会卓有成效。

～

对于个人的自我发展、组织的发展甚至现代社会的生存与有效运转，卓有成效都是一个至关重要的因素。

知识工作者的自我发展是组织发展（工商企业、政府机构、研究实验室、医院以及军事组织等）的关键，是所有组织实现卓越绩效的必经之路。随着管理者逐步变得卓有成效，整个组织的绩效水平也会随之提高，管理者和组织所有成员的视野也会日益开阔。

管理者的卓有成效，是促进现代世界在经济上富足繁荣、在社会上健全安定的最大希望所在。

——彼得·德鲁克，《卓有成效的管理者》

问　题

　　现在，我是不是比刚开始阅读本书时更卓有成效了？我需要回顾和
继续应用哪些实践？

卓有成效管理者的一项有益实践

这一点非常重要，因此我将之视为一条准则：**先听，后说**。

卓有成效的管理者在个性、长处、短处、价值理念、信仰等方面千差万别。他们唯一的共同点是有能力把正确的事情做成。存在天生卓有成效之人，但是对卓有成效之人的需求太大以至于天生的非凡人才供不应求。卓有成效是一门学科，与其他学科一样**可以**被学会且**必须**被学会。

Peter F. Drucker，"What Makes an Effective Executive"，
Harvard Business Review，June 2004，p.63

我属于哪里

成功的职业生涯不是规划出来的。如果人们了解了自己的优势、工作方法和价值理念，在机遇面前做好了准备，那么他们的职业生涯就会有所发展。了解自己属于哪里（对自我、工作和职业生涯有清晰的认知），能够帮助一个工作敬业、能力胜任但平平庸庸的普通人转变为表现卓越的人才。

Peter F. Drucker，"Managing Oneself"，
Harvard Business Review，January 2005，p.106

第五级领导者

第五级领导者表现出一种工匠式的勤劳，更像实干家而不是作秀的人。

Jim Collins，*Good to Great: Why Some Companies Make the
Leap...and Others Don't*，HarperCollins，2001，p.39

行　动

你能够通过学习成长为一个卓有成效的人，卓有成效是必须学会的。要加强自我训练，还要定期评估自己在有效性方面的进步。

—————————————————————————————

—————————————————————————————

—————————————————————————————

—————————————————————————————

—————————————————————————————

—————————————————————————————

—————————————————————————————

—————————————————————————————

—————————————————————————————

作者的话

本书的目标、范围和方法与彼得·德鲁克先生所著的《卓有成效的管理者》一书存在明显的不同。但是，本书是基于前者和彼得·德鲁克此后涉及该主题的著作。我们也毫不迟疑地利用了德鲁克其他作品中适用于本书的部分。

我们最应该感谢的是《卓有成效的管理者》一书。本书中的大部分内容都引自该书的章节。此外，许多章节还援引了彼得·德鲁克在《哈佛商业评论》上发表的两篇文章（"Managing Oneself," January 2005，and "What Makes an Effective Executive," June 2004），作为对《卓有成效的管理者》一书中有关章节的更新和补充。

第3章"使会议富有成效"一节中的阅读材料和另外14段内容都直接引用了"What Makes an Effective Executive"一文中的内容，列在了本书的副栏里（方框中的内容）。

第4章从"自我管理"到"为你的下半生创造机会"中的阅读材料摘自"Managing Oneself"一文，以副栏的形式出现。第6章的部分内容引自"What Makes an Effective Executive"，部分内容引自德鲁克以前以电子版形式发表的材料及《卓有成效的管理者》一书的第6章和第7章。

　　本书还有 12 段文字摘自里奇·卡尔加德对彼得·德鲁克的访谈，我们也表示感谢。

　　我们要感谢杰克·韦尔奇所著的《赢》和吉姆·柯林斯的《从优秀到卓越》，本书中有 11 段文字分别引自这两本书。另外还要感谢杰克·韦尔奇的《杰克·韦尔奇自传》以及鲍伯·班福德的《人生下半场》这两本书，本书分别有 3 段和 2 段文字出自这两本书。

　　最后，我要感谢哈珀·柯林斯出版集团的诺克斯·休斯顿和利娅·斯皮罗，感谢他们给予本书的帮助。

约瑟夫·马恰列洛

译者后记

2006年，我在国内某学习与实践德鲁克学说的机构供职时，有幸数次亲耳聆听过本书的合著者——马恰列洛教授的课程，并与他进行交流（见附照）。教授系统地介绍了管理大师彼得·德鲁克的思想体系和精髓，以及作为大师的挚友和同事，经过多年的研究和思考，他对大师思想的精辟解读。课程令我印象深刻，受益良多。

管理大师彼得·德鲁克一生笔耕不辍，著作多达近40部，他首创了管理这门学科以及其他令人耳熟能详的概念——"事业理论""分权""知识工作者""目标管理和自我控制"等，因而被誉为"现代管理学之父"和"大师中的大师"。他1966年出版的《卓有成效的管理者》一书可谓全球管理者必读的经典之作。当年初涉管理时我就曾读过，起初感觉浅显易懂，没有明显的高深之处。日后，随着对管理理论和实践的深入学习，我越来越认识到它的价值，直至今日攻读博士学位，仍然会时常翻开来认真研读、细心品味。

本书是《卓有成效的管理者》的姊妹篇，是彼得·德鲁克博士与马恰列洛教授的联袂之作。马恰列洛教授与大师相识30年有余，一同工作，研究德鲁克的思想，对其思想和著述了如指掌（德鲁克本人说他"对我的著作比我本人还要熟悉"）。马恰列洛教授精心设计了本书的形式，大量节选了《卓有成效的管理者》的经典段落，还与时俱进地引用了管理界几乎人尽皆知的大家之作，包括杰克·韦尔奇、吉姆·柯林斯、鲍伯·班福德等人的著作。本书分为六章，即"卓有成效是可以学会的""掌握自己的时间""我能贡献什么""如何发挥人的长处""要事优先"和"有效的决策"，分别与《卓有成效的管理者》相应的章节对应，采用日记体的形式，帮助管理者和知识工作者记录自己的思考、行动和感受，帮助他们理论联系实际，可谓一本绝佳的行动指南和有力的管理工具，能够帮助他们做出正确决策，提升管理能力和工作有效性。

我建议，各位读者在阅读和应用本书的时候，与《卓有成效的管理者》搭配使用。对于所有管理者而言，我相信"卓有成效是可以学会的"。

最后，由于本人水平有限，译文中难免存在不当和谬误之处，希望广大读者批评指正。我也希望与有兴趣探讨德鲁克管理思想的各界人士互相学习，我的联系邮箱为 samtrans@hotmail.com。

宋强

2011 年秋于中国人民大学

本书译者宋强博士与本书合著者约瑟夫·马恰列洛教授及其夫人朱迪的合影

彼得·德鲁克全集

序号	书名	要点提示
1	工业人的未来 The Future of Industrial Man	工业社会三部曲之一，帮助读者理解工业社会的基本单元——企业及其管理的全貌
2	公司的概念 Concept of the Corporation	工业社会三部曲之一揭示组织如何运行，它所面临的挑战、问题和遵循的基本原理
3	新社会 The New Society：The Anatomy of Industrial Order	工业社会三部曲之一，堪称一部预言，书中揭示的趋势在短短10几年都变成了现实，体现了德鲁克在管理、社会、政治、历史和心理方面的高度智慧
4	管理的实践 The Practice of Management	德鲁克因为这本书开创了管理"学科"，奠定了现代管理学之父的地位
5	已经发生的未来 Landmarks of Tomorrow：A Report on the New "Post-Modern" World	论述了"后现代"新世界的思想转变，阐述了世界面临的四个现实性挑战，关注人类存在的精神实质
6	为成果而管理 Managing for Results	探讨企业为创造经济绩效和经济成果，必须完成的经济任务
7	卓有成效的管理者 The Effective Executive	彼得·德鲁克最为畅销的一本书,谈个人管理,包含了目标管理与时间管理等决定个人是否能卓有成效的关键问题
8 ☆	不连续的时代 The Age of Discontinuity	应对社会巨变的行动纲领，德鲁克洞察未来的巅峰之作
9 ☆	面向未来的管理者 Preparing Tomorrow's Business Leaders Today	德鲁克编辑的文集，探讨商业系统和商学院五十年的结构变化，以及成为未来的商业领袖需要做哪些准备
10 ☆	技术与管理 Technology，Management and Society	从技术及其历史说起，探讨从事工作之人的问题，旨在启发人们如何努力使自己变得卓有成效
11 ☆	人与商业 Men，Ideas，and Politics	侧重商业与社会，把握根本性的商业变革、思想与行为之间的关系，在结构复杂的组织中发挥领导力
12	管理：使命、责任、实践（实践篇） Management:Tasks,Responsibilities,Practices	为管理者提供一套指引管理者实践的条理化"认知体系"
13	管理：使命、责任、实践（使命篇） Management:Tasks,Responsibilities,Practices	
14	管理：使命、责任、实践（责任篇） Management:Tasks,Responsibilities,Practices	
15	养老金革命 The Pension Fund Revolution	探讨人口老龄化社会下，养老金革命给美国经济带来的影响
16	人与绩效：德鲁克论管理精华 People and Performance: The Best of Peter Drucker on Management	广义文化背景中，管理复杂而又不断变化的维度与任务，提出了诸多开创性意见
17 ☆	认识管理 An Introductory View of Management	德鲁克写给步入管理殿堂者的通识入门书
18	德鲁克经典管理案例解析（纪念版） Management Cases(Revised Edition)	提出管理中10个经典场景，将管理原理应用于实践

彼得·德鲁克全集

序号	书名	要点提示
19	旁观者：管理大师德鲁克回忆录 Adventures of a Bystander	德鲁克回忆录
20	动荡时代的管理 Managing in Turbulent Times	在动荡的商业环境中，高管理层、中级管理层和一线主管应该做什么
21☆	迈向经济新纪元 Toward the Next Economics and Other Essays	社会动态变化及其对企业等组织机构的影响
22☆	时代变局中的管理者 The Changing World of the Executive	管理者的角色内涵的变化、他们的任务和使命、面临的问题和机遇以及他们的发展趋势
23	最后的完美世界 The Last of All Possible Worlds	德鲁克生平仅著两部小说之一
24	行善的诱惑 The Temptation to Do Good	德鲁克生平仅著两部小说之一
25	创新与企业家精神 Innovation and Entrepreneurship:Practice and Principles	探讨创新的原则，使创新成为提升绩效的利器
26	管理前沿 The Frontiers of Management	德鲁克对未来企业成功经营策略和方法的预测
27	管理新现实 The New Realities	理解世界政治、政府、经济、信息技术和商业的必读之作
28	非营利组织的管理 Managing the Non-Profit Organization	探讨非营利组织如何实现社会价值
29	管理未来 Managing for the Future:The 1990s and Beyond	解决经理人身边的经济、人、管理、组织等企业内外的具体问题
30☆	生态愿景 The Ecological Vision	对个人与社会关系的探讨，对经济、技术、艺术的审视等
31☆	知识社会 Post-Capitalist Society	探索与分析了我们如何从一个基于资本、土地和劳动力的社会，转向一个以知识作为主要资源、以组织作为核心结构的社会
32	巨变时代的管理 Managing in a Time of Great Change	德鲁克探讨变革时代的管理与管理者、组织面临的变革与挑战、世界区域经济的力量和趋势分析、政府及社会管理的洞见
33	德鲁克看中国与日本：德鲁克对话"日本商业圣手"中内功 Drucker on Asia	明确指出了自由市场和自由企业，中日两国等所面临的挑战，个人、企业的应对方法
34	德鲁克论管理 Peter Drucker on the Profession of Management	德鲁克发表于《哈佛商业评论》的文章精心编纂，聚焦管理问题的"答案之书"
35	21世纪的管理挑战 Management Challenges for the 21st Century	德鲁克从6大方面深刻分析管理者和知识工作者个人正面临的挑战
36	德鲁克管理思想精要 The Essential Drucker	从德鲁克60年管理工作经历和作品中精心挑选、编写而成，德鲁克管理思想的精髓
37	下一个社会的管理 Managing in the Next Society	探讨管理者如何利用这些人口因素与信息革命的巨变，知识工作者的崛起与变化，将之转变成企业的机会
38	功能社会：德鲁克自选集 A Functioning society	汇集了德鲁克在社区、社会和政治结构领域的观点
39☆	德鲁克演讲实录 The Drucker Lectures	德鲁克60年经典演讲集锦，感悟大师思想的发展历程
40	管理(原书修订版) Management(Revised Edition)	融入了德鲁克于1974～2005年间有关管理的著述
41	卓有成效管理者的实践（纪念版） The Effective Executive in Action	一本教你做正确的事，继而实现卓有成效的日志笔记本式作品

注：序号有标记的书是新增引进翻译出版的作品

欧洲管理经典 全套精装

ISBN: 978-7-111-56451-5

ISBN: 978-7-111-56616-8

ISBN: 978-7-111-58389-9

转变：应对复杂新世界的思维方式

作者：应秋月 ISBN：978-7-111-56451-5定价：40.00元
在这个巨变的时代，不学会转变，错将是你的常态，
这个世界将会残酷惩罚不转变的人。

管理：技艺之精髓

ISBN：978-7-111-59327-0 定价：59.00元
帮助管理者和普通员工更加专业、更有成效地完成
其职业生涯中各种极具挑战性的任务。

公司策略与公司治理：如何进行自我管理

ISBN：978-7-111-59322-5 定价：59.00元
公司治理的工具箱，
帮助企业创建自我管理的良好生态系统。

正确的公司治理:发挥公司监事会的效率应对复杂情况

ISBN：978-7-111-59321-8 定价：59.00元
基于30年的实践与研究，指导企业避免短期行为，
打造后劲十足的健康企业。

战略：应对复杂新世界的导航仪

ISBN：978-7-111-56616-8 定价：60.00元
制定和实施战略的系统工具，
有效帮助组织明确发展方向。

管理成就生活（原书第2版）

ISBN：978-7-111-58389-9 定价：69.00元
写给那些希望做好管理的人、希望提升绩效的人、
希望过上高品质的生活的人。不管处在什么职位，
人人都要讲管理，出效率，过好生活。

读者交流QQ群：84565875